10860 A. B. L.   1846.

Josaphat ou le triomphe de la foy sur
les Chaldéens. tragi-comedie. par
de L. T. . . . 1646. =

Josaphat Hermite allant Instruire Barlaan.

IOSAPHAT,

OV

LE TRIOMPHE

DE LA FOY

SVR LES

CHALDEENS.

TRAGI-COMEDIE.

A TOLOSE,
Par FRANÇOIS BOVDE Imprimeur
à l'Enseigne S. Thomas d'Aquin, deuant
le College des PP. de la Compagnie de IESVS. 1646.

AVEC PRIVILEGE DV ROY.

A MONSEIGNEVR LE DVC D'ESPERNON.

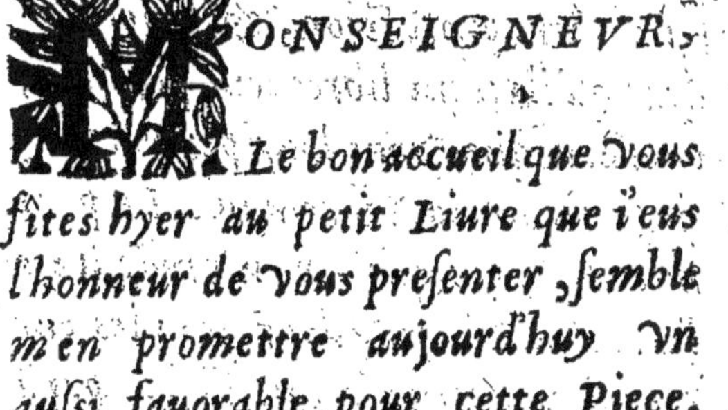

MONSEIGNEVR,

Le bon accueil que vous fîtes hyer au petit Liure que i'eus l'honneur de vous presenter, semble m'en promettre aujourd'huy vn aussi fauorable pour cette Piece. Elle vous est deuë pour beaucoup de raisons, & n'a pas tant d'obliga-

ã ij

tion à son autheur, qu'elle vous en
aura si vous daignez la receuoir.
C'est vn fruit qui vous appartient,
puis qu'il est cueilly dans vôtre terre : C'est vne de vos creatures,
puisque celuy qui la met au iour
veut tâcher de se rendre digne d'é-
tre la derniere des vôtres. Ces Princes qui sortent des Indes pour venir
goûter l'air de la France, se mettent
soûs vôtre protection, & se persua-
dent qu'ils iront librement par tout;
pourueu que vous leur permettiez
de se seruir de vôtre nom. Le premier homage qu'ils vous rendent est
l'aueu de vôtre valeur, qui les eut
sans doute étonnés, si elle eut parû
dans vn temps où ils eussent eu sujet de la craindre : & ceux qui l'ont
tant de fois éprouuée à leur honte

EPISTRE.

& à vôtre gloire, eussent voulu
avoir vescu dans leur siecle, afin de
ne la point sentir ; si ce n'est qu'ils
ayent jugé leur défaite auantageuse,
étant partie de vôtre main ; & que
comme autrefois Achilles à Cygnus,
vous leur ayés en effet témoigné
qu'il leur étoit glorieux d'en être
vaincus.

Mais quoy que tous ces Heros
admirent ensemble vos vertus,
chacun s'y arreste en particulier,
selon que son inclination l'y porte.
Abenner ne soûmet pas seulement
sa prudence à la vôtre ; la force de
vôtre esprit dans les conseils, &
son addresse dans les plus hautes en-
treprises, luy font douter s'ils partent du raisonnement d'vn homme,
ou de la sublime connoissance d'vn

EPISTRE.

*Ange. Iosaphat qui pour n'auoir
iamais porté les armes, ne laisse pas
d'étre courageux, s'attache à vôtre
pieté: & bien qu'il quitte le monde
auec assés de Generosité, il se treuue encore froid au prix de cette
grande feruenr que vous apportez
aux choses du Ciel, & du mépris
que vous faites de celles de la terre
au milieu d'vne puissante fortune.
Arachés ne peut assés loüer vôtre
fidelité, & la iustesse de toutes vos
actions: Cette naturelle bonté par
laquelle vous vous rendez aymable
à tout le monde, & qui sans
preiudice d'aucun vous fait être le
souhait de plusieurs, l'oblige d'a-
uoüer sa féblesse & son ignorance,
& de reconnétre vôtre force, vôtre industrie, & vôtre scauoir. Ge-*

EPISTRE.

ronde ne veut pas étre seule à vous
cacher ses sentimens; si elle manque
de parole, elle n'a pas faute de cœur,
& veut aussi bien que les autres
donner à vos merites ce qu'elle se
sent obligée de leur rendre. Si la
valeur, la prudence, & la pieté
vous éleuent au dessus du commun, & vous font meriter vne
gloire qui n'est deuë qu'à bien peu
de personnes; elle veut vous louër
conformement à son sexe, par la
beauté de l'esprit & du corps.
Elle treuue tant de perfections
en l'vn & en l'autre, qu'elle
doute si elle eût toûjours été capable de constance, si vous eus-
siez paru à Nyse auec Arachés,
lors qu'il luy faisoit des vœux, &
qu'il luy offroit ses seruices. Cette

EPISTRE.

viuacité que vous portez dans
les yeux, cette maſlé aſſeurance
ſur le front, & ces excellens
diſcours ſeparez du vulgaire que
vous tenez toujours dans la bouche, euſſent èté des charmes trop
puiſsans pour ne la pas ſurmonter.

Voila, MONSEIGNEVR, ce
que ces Princes remarquent en
vous, & ce que tout le monde con-
feſſe auec eux; voila les fruits de
mes plus ſerieuſes meditations, &
des veritez qui ſont trop apparen-
tes, pour auoir beſoin d'vn plus
long éclairciſsement. Ie n'ay plus
qu'à vous ſupplier, MONSEI-
GNEVR, de treuuer bon que ie les
publie par tout: & bien qu'il ne ſoit
pas neceſſaire pour vôtre gloire,
don-

EPISTRE.

donnez-le à la passion que i'ay de
temoigner à tout l'Vniuers que ie
fais vœu d'étre toute ma vie,

MONSEIGNEVR,

Vôtre tres-humble, & tres-
obeïssant seruiteur.
D. L. T.

B

AV LECTEVR.

L A diuersité des iugemens qu'on portera sur cette Piece m'oblige à faire vne Preface, pour la mettre à couuert des censures qui n'auront pas moins de rigueur pour elle, que pour celles qui ont déja paru. Ie deuine à peu prés le traictement qu'elle doit receuoir, puisque son autheur même la desaduoüe. Ce n'est pas qu'il la iuge indigne de ses productions, & du trauail qu'il a eu l'espace d'vn mois à la mettre au iour, & la reduire auec plus de iustesse : ou que la crainte d'être blâmé de ceux qui ne iugent des choses que selon leur caprice luy face taire son nom : ——— il fuit autant la gloire,

que beaucoup d'autres femblent la
rechercher; la creance qu'il a que
fon Ouurage ne déplaira pas gene-
ralement à tout le monde, impofe
cette loy à fa modeftie, & luy fait
apprehender de rencontrer fa con-
fufion dans vn fuiet, d'où la pluf-
part des Efcriuains tirent celuy de
leur vanité. S'il refufe pourtant
l'applaudiffement de ceux qui le
traicteront auec douceur, il n'en
méprife pas l'opprobation, puifque dans celle cy il reçoit toute la
recompenfe qu'il peut efperer de
fon labeur, & que dans l'autre on
luy donneroit des loüanges qui fe-
roient rougir fa vertu. Cette Hi-
ftoire qu'il traite eft veritable, &
affés intriguée, mais il n'eft pas bien
affeuré qui en eft l'Autheur : Toutesfois Trapezuntius tres-renom-
mé parmy les Grecs, & tres-celebre
entre les Latins n'en reconnoiffant
point d'autre que S. Iean Dama-

ſcene, me fait crére que ceux qui
l'attribuent à vn certain Iean Si-
naïte ſur le ſimple rapport de Fu-
mæus, en ont parlé par intereſt ou
par ignorance, ne prenans pas garde à l'ordre des temps auſquels ces
deux hommes ont vécu. Mais ce
different importe peu au Lecteur,
& pourueu qu'il treuue de la ſatis-
faction dans cette Hiſtoire, il ne
doit pas ſe ſoucier qui là écrite. Il
y a ajoûté le perſonnage d'vne ſœur
afin de la rendre plus agreable par
ce nouuel incident, & de méler vn
peu de guerre & vn peu d'amour
auec beaucoup d'artifice & beaucoup de conſtance. N'ayant pû
treuuer le nom de la Princeſſe captiue, il luy en a donné vn appro-
chant de ceux que l'on impoſoit en
ce temps : Et S. Iean Damaſcene
ne marquant point le lieu de la priſon de Ioſaphat, ny le ſeiour ordi-
naire d'Abenner, il a viſité les vieux

Geographes, & à treuué que Nyse
deuoit étre le siege de l'vn, & Calamine, ou autrement Maliput la
demeure de l'autre. Il ne fait point
d'argument à la Piece, parce qu'elle est assés bien suiuie, & assés in-
genieusement démeleé, & que les
plus petits esprits seront assés capa-
bles de la retenir. Ie sçay que son
trauail sera differemment receu,
qu'il déplaira aux vns, & qu'il con-
tentera les autres : pour luy il n'e-
stimera pas qu'il soit perdu s'il s'en
treuué vn à qui il ne soit pas desa-
greable. Traite-le pourtant auec
equité, & faisant distinction des
âges, crois qu'on ne doit pas attendre d'vn Ieune homme de vingt
ans, & qui n'a mis la main à la plu-
me qu'en se ioüant, ce qu'on a sujet d'esperer d'vne personne de qua-
rante, & qui auroit trauaillé se-
rieusement.

C

ACTEVRS.

ABENNER, Roy de l'Inde Orientale.
ARACHE'S, Fauory d'Abenner.
THEVDAS, Confident d'Arachés.
NACOR, Seigneur de Calamine.
IOSAPHAT, Fils d'Abenner.
ZARDAN, Gouuerneur de Iosaphat.
BARLAAM, Hermite deguisé.
GERONDE, Sœur de Iosaphat.
ACHILE'E, Confidente de Geronde.
EMADVLE, Princesse captiue.
BALAC, Soldat de la Garde du Roy.
TROVPE DE SOLDATS,

La Scene est au Palais de Calamine,
ville de l'Inde orientale, appellée
à present Maliput.

IOSAPHAT,
OV
LE TRIOMPHE
DE LA FOY
SVR LES CHALDE'ENS.

TRAGI-COMEDIE.

ACTE PREMIER.

IOSAPHAT, BARLAAM, ZARDAN,
ABENNER, ARACHE'S, THEVDAS,
GERONDE, ACHILEE, BALAC.

SCENE PREMIERE.
IOSAPHAT, BARLAAM,
IOSAPHAT.

E tteuue celuy-cy beaucoup plus
  éclatant,
Et si ie crois mes yeux l'autre ne
  l'est pas tant :
Tenés, ie vous le rends, & retiens
  l'Amethyste.

Parlant
à Barlaã
déguisé
en mar-
chant
Iouail-
lier &

C 2

Pût elle diuertir mon humeur sombre & triste!
Et pendant que ses feux tâchent de m'éblouïr,
Mon mal en mème temps se pût éuanouïr !
Non, tant que ie seray dans cette solitude ,
Qu'on me fera souffrir vn traitement si rude,
Et que ie me verray miserable à cè point ,
Rubis , bagues , joyaux , vous ne me plaisés
     point.

BARLAAM.

I'en ay Seigneur, i'en ay, dont la valeur surpasse
Les plus riches thresors que l'Occeã embrasse;
Vne vertu pareille est jointe à leur beauté,
Dans les lieux plus obscurs ils portét la clarté,
Ils chassent les ennuys, ils banissent la crainte;
Ils font souffrir les maux sans peine & sans
     contrainte,
La joye & le plaisir sont leurs moindres efféts,
Et les plus affligez sont par eux satisfaits.
Ouy ces brillans rochers que d'vn bel artifice
Produit par ses ardeurs vn Soleil de iustice ,
Ces dépoüilles, Seigneur, de l'Oriét des Cieux
Qui n'ont rien que de beau, rien que de pre-
     cieux ,
Decouurans leur éclat d'vne atteinte impre-
     ueüe
Se captiuent les cœurs aussi bien que la veuë;
Enfin il faut sçauoir pour iuger de leur prix,
Qu'ils rauissent les sens, & charmét les espris.

IOSAPHAT.

S'ils étoient, cheramy, d'vne telle nature ,

S'ils pouuoient appaiser les douleurs que i'en-
     dure,
Si mon ame esperoit dans son affliction
D'étre vn iour bienheureuse en leur possession.
Voy, regarde, si l'Inde en raretés seconde
A dequoy te payer ces merueilles du monde,
Tu la verras pour moy s'épuiser en vn iour,
Et témoigner par là l'excés de son amour,
Elle n'a rien de beau qu'elle ne te produise,
Et n'a point de thresors qu'elle ne t'y côduise;
Car combien que mō pere auec peu de raison
Me donnât en naissant ce Palais pour prison,
Et que d'vn antre obscur ie r'entrasse en vn
     autre,
Il a toûjours reglé son desir sur le nostre,
Et ie puis disposer dans ma captiuité
De tous les plus grands biens apres la liberté.
                BARLAAM.
'ajoûte à ces beautés dõt vôtre ame est rauie,
Que pour les posseder il n'en faut que l'envie.
Non, Seigneur, il ne faut qu'vn desir, qu'vn
     souhait,
our vous faire iouïr d'vn bonheur si parfait,
a seule volonté vous le fera connêtre,
ref il ne tient qu'à vous de vous en rendre
     maistre
                IOSAPHAT.
e discours me surprend autant qu'il est nou-
     uau,
 peine puis-ie croire vn miracle si beau:
                    C 3

Non, nó, ce que tu dis n'est qu'vne mocquerie,
Et tu veux m'abuſer par quelque tromperie.
Cette fauſſe ſurpriſe eſt vne inuention
Que pratiquent tous ceux de ta profeſſion ;
Ce vice eſt ſi commun, que dedans le cómerce
Il n'eſt rien de ſubtil que la ruſe n'exerce.

              BARLAAM.

Ha ! Seigneur, ce ſoupçon eſt indigne de moy
I'eus toûjours pour objet & l'hôneur & la Foy;
Les pertes dót le Ciel bien ſouuét nous afflige
Ne m'ont iamais porté qu'où mon deuoir
        m'oblige ,

Il tire du Et ce que vous blâmes dás ceux de mon party
ſoffre vn Ne reſſent point le lieu d'où ce Liure eſt ſorty.
petit Li-   IOSAPHAT.
vre qui
contenoit O Dieux! que de beautés ſur vne féble écorce,
l'Euan- Qu'elles ont pour charmer & d'attraits & de
gile, tout   force !
couuert Non, ie ne doute plus de ta fidelité,
de dia- Tu m'as rendu l'eſpoir que tu m'auois ôté :
mens.   Ce veritable éclat blâmant ma defiance
Zardan   Aioûte à tes diſcours vne ferme creance ,
eſt aux Et m'oblige à mon tour de crére delormais
écoutes. Que tu ne manques point a ce que tu promets.
           Mais au moins en cecy tu ne te peus defendre,
           Tu m'as fait eſperer afin de me ſurprendre ,
           Vn deſir, m'as tu dit, peut m'acquerir ce bien:
           Mais quoy ? ie le deſire , & ſi ie ne tiens rien.
              BARLAAM.
Il luy
donne le Tenés, tenés Seigneur, ce que le Ciel vous
Liure.   donne,

Il ne m'appartient plus, ma main vous l'aban-
   donne,
Receuës ce present digne de vos souhaits,
Et reformez sur luy ceux que vous aués faits;
Cheriffez ce tresor qui vous en cache vn autre,
Que sa viue splendeur establiffe la vôtre;
Et sçachez qu'il est plein de tant de beaux
   reſſorts,
Qu'il est beaucoup plus riche au dedans qu'au
   dehors.
C'eſt où ſont côtenus par d'infallibles marques
Les soins qu'à pris pour vous le Maiſtre des
   Mónarques,
C'eſt où vous cônétrés ce qu'il vous procura,
Tout ce qu'il fit pour vous, tout ce qu'il en-
   dura,
Vos pechez, ſes douleurs : vos crimes, ſes
   soûfrances :
Sa honte, vôtre honneur : ſes maux, vos eſpe-
   rances :
Et que pour vous ſauuer vous voyât aux abois
Il n'aquit ſoûs le chaume, & mourut ſur vn
   bcis.

SCENE SECONDE.

ZARDAN, IOSAPHAT, BARLAAM.
ZARDAN.

HA traître que dis-tu ?
IOSAPHAT.

Qu'entens-ie mes oreilles ?
Et que puis-ie répondre apres tant de merueilles ?

ZARDAN.

Sont-ce là ces ioyaux perfide ?

BARLAAM.

En vn moment
Vous y pouués répondre. Ouurez ce diament.
Ha Seigneur à ce coup defille fes paupieres,
Et fais luy receuoir tes naiffantes lumieres.
Ouurés-le: mais Seigneur ouurés auffi les yeux
Aprenés par ces traits la volonté des Cieux,
Et ne refiftés point à céte voix diuine
Qui veut vons guarentir d'vne proche ruïne,
Qui ne veut plus vous voir dedãs l'obfcurité,
Et perdre en cherchant mal le Dieu de verité.

ZARDAN.

Enfin ma patience à céte heure eft extreme.

BARLAAM.

Reconnoiffés par là combien elle vous ayme,
Et ne vous laffés point d'admirer fes faueurs,

Qui

Derriere la tapif-ferie en auançãt la tefte.

Parlãt à Iofaphat qui l'ou-ure & y lit. Barlaam fe tour-nãt vers le Ciel. Puis re-renant in dif-ours.

Qui demandent de vous de pareilles feruceurs:
Mais ie les voy déia, i'apperçois dâs vôtre ame
Les merueilleux effects d'yne celeste flame,
Vne grace nouvelle en bânir le peché,
Arrofer de fes eaux vn terroir deffeiché,
Et par vn changement fi prompt & fi notable,
S'y baftir pour iamais vn thrône ferme & fta-
        ble.   IOSAPHAT.
C'en eft fait ie me rends fans auoir combatu,
Ie ne puis refifter, fuccombez ma vertu,
Contre tant de puiffance il faut baiffer les
        armes,
On ne fçauroit mâquer en adorât fes charmes,
Et puifque c'et vnDieu qui veut être vainqueur
Bien loin de reculer, offrons luy nôtre cœur.
        ZARDAN.
Dieu! qu'auec peu de peine on ébranle vn
        courage:
Mais ne permettons pas qu'ils parlent d'auan-
        tage,
Et tâchons s'il fe peut de rompre leur deffein.   Il entre.
        BARLAAM.
Seigneur on vient à nous.
        ZARDAN.
                Il faut faire le fin.
        IOSAPHAT.
Retournés fur vos pas, icy vôtre prefence
Eftfort peu neceffaire.
        ZARDAN.
                O cruelle ordonnance!
                    D

Qu'ay-ie de si suspect, qu'on se cache de moy?

IOSAPHAT.

Sortés vous di-ie.

ZARDAN.

Hé bien, i'obeis : mais le Roy
Ne treuueroit pas bon, que vous fussiez ensemble,

IOSAPHAT.

Vous perdes le respect, & le Roy ce me semble
Ne vous a pas permis de me parler ainsi :
Sortés encore vn coup, & nous laissez icy.
Autrement i'vseray des droits que la naissance
Me donne pour punir vne telle insolence.

ZARDAN.

Ie te feray trompeur par vn effer plus prompt
Lauer dedās ton sang ton crime & mon affrōt.

e sor-
it &
ardāt
tra-
s Bar

SCENE TROISIEME.

IOSAPHAT, BARLAAM.

IOSAPHAT.

IE n'eusse iamais crû qu'il eut eu céte audace,
Et qu'il eut craint si peu d'encourir ma disgrace :
Mais ie sçay comme il faut traiter vn Gouuerneur.
Poursuiués seulement.

BARLAAM.
                    Ie crains plûtost Seigneur
Qu'il nous ait entendus.
            IOSAPHAT.
                    Ne soyez point en peine
            BARLAAM.
Ie vous apprédray donc le sujet qui m'ameine,
Et de quelle façon le Ciel pour vous sauuer
Ma fourny les moyens de vous venir treuuer,
Dans les extremitez de l'Inde Orientale,
Tout proche d'vne pante où le Gange deuale,
Est vn vaste desert qu'vne épaisse forest
Coupée en deux endroits par vn large marest,
Occupe du costé que le Fleuue s'engage
Dans vn tres-difficile & dangereux passage :
Et de l'autre vne plaine, & des lacs separés
Qui font en tournoyant des sentiers egarés.
Depuis qu'en ce pays cét illustre Dydime
Laissa de ses vertus vne si haute estime,
Quelques hômes touchés de ses enseignemés
Bastirent en ces bois de petits logemens,
Et s'estans retirés dans ces lieux solitaires
Changerent leur faux culte en de nouueaux
            mysteres.
Vn Dieu crucifié pour le salut des siens,
Seruoit là de matiere à leurs doux enttetiens,
Il leur sembloit plus beau dâs ce cruel suplice,
Que lors que dâs son throne il parét en iustice,
Leurs vœux & leurs encens n'auoient point
            d'autre objet,

Leurs loüanges étoient toûjours fur ce fuiet;
Ils paſſoient à veiller les nuits toutes entieres,
Et le iour ſe trouuoit plus court que leurs
     prieres.
C'eſt dans ce méme lieu dont l'aimable ſeiour
N'eſt point importuné des faux bruits de la
     Cour,
Que l'horreur des combats, ny la fureur des
     armes
N'épouuantent iamais de clameurs ny d'alar-
     mes,
Où plus d'vn demy luſtre vnantre aſſés obſcur,
Et qui n'eſt defendu que par vn ſimple mur
Dans ſa concauité ma ſeruy de retraite,
Et contre les Lions de tres-ſeure cachete.
Là ces membres chargez des fers qu'ils ont
     quittez,
Ces lôgs cheueux blanchis ſoûs les auſteritez,
Et ces yeux abatus par de frequentes veilles
Se ſentoient ſoulagez par autât de merueilles.
Ces mébres par le corps dont ils ſont adoptés,
Ces cheueux par celuy qui les a tous contés,
Et ces yeux, ô prodige! ont veu ſouuét parétre
Triomphant dans le Ciel celuy qui nous fait
     naître.
Apres que i'eus veſcu trente ans & quelques
     mois
Soûs vn fardeau ſi noble, & de ſi douces loix,
L'air groſſier & mal ſain qui rend céte contrée,
Et la plus infertile & la moins penetrée
                                        Affoi-

Affoiblissoit nos sens plus nous luy resistions :
Enfin ie restay seul de cent que nous estions,
Non, que ie meritasse vne faueur si grande,
Non qu'on me preferat à cette Saincte bande :
Mais pour me reseruer à cét illustre employ
Que le Ciel m'a donné pour vous prescher la
    Foy.
I'oüis donc vne voix : mais vne voix celeste,
Tres-claire, point obscure, & toute manifeste :
Barlaam, me dit-elle, en m'appellât bien fort,
Va, sors, fais sur toy-méme vn genereux effort
Va treuuer Iosophat, quitte ta solitude,
Que sa conuersion soit ton inquietude.
Et m'enseignāt le lieu qui vous tient enfermé,
En passant, poursuit-elle, vn grād estang fermé
Qui se void au milieu de ces vastes campagnes
Que bornent tout au tour quatre hautes mon-
    tagnes,
Arreste en vn endroit que ie te moustreray,
Où tu ramasseras ce que ie te diray,
Et qui te seruira dedans ton entreprise :
I'obeis aussi-tost, & marchant droit à Nyse,
Où vos predecesseurs ont choisi leur sejour,
I'arriue à cét estang sur le declin du iour,
La nuit me defendant de marcher d'auantāge
Ie m'allay reposer à l'ombre d'vn bocage.
Mais comme ie sentis approcher le Soleil,
D'vn nuage prochain i'entens à mon réueil
Cette voix qui m'appelle ; alors plus froid
    que marbre,

                    E

12

Ie fais ce qu'elle dit, ie creufe au pied d'vn
  arbre,
Et ie treuue en effet vn threfor enterré,
Ces Diamans. Enfin ayant long-temps erré
Et par mer & par terre auec beaucoup de peine
J'aborde à Calamine.

IOSAPHAT.

O bonté fouueraine!

BARLAAM.

Ie defcends viftemét, i'entre, ie cours par tout,
Ie cherche, ie m'enquiers, ie vais de bout en
  bout,
Ie rencontre vn Orfevre, auffi toft ie l'aborde,
Il apprend mon deffein, ie le preffe, il s'ac-
  corde,
Et dans moins de huict iours il trauaille fi bien
Qu'il me rend ces ioyaux. Lors changeant de
  maintien,
Et de ce qui pouuoit me faire reconnétre,
Ie m'adreffe au Palais : dés qu'on m'y void
  parétre
Soûs cét auare habit vétu cóme vn Marchand,
On m'introduit, ie fuis, & ie vole en marchát.
On me laiffe auec vous, i'ouure ce petit cofre:
Le trefor qu'il côtient vous rauit, ie vous l'ofre
Vous l'acceptés enfin, & voyés au dedans
Vn éclat bien plus vif, & des feux plus ardens.
Ce myftere eft tres-grand, ie vous le fais com-
  prendre,
Vous en eftes touché, quelqu'vn nous vien

Vous cõmandez qu'il forte, & ie demeure icy *Iosaphat*
Pour rendre vôtre esprit vn peu plus éclaircy. *ouure le*
Ce Liure est en vos mains, vous l'ouurés, &   *Liure.*
      ces lignes
Vous apprenent qu'vn Dieu par ses faueurs in-
    signes
Voulut subir la mort pour vous en dégager ;
Enfin ie vous verray dans vn moment changer,
Et ces feuillets remplis d'aimables caraßeres
Etoufans votre erreur finiront vos miseres.
          IOSAPHAT.
Ouy ie change, & tonnés l'excés de mõ erreur,
Elle ne me plaist plus, i'en cõçois de l'horreur,
Et vos enseignemens ont trop de conuenance
Aux inspirations que i'eus dés mon enfance.
          BARLAAM.
Et quels furent Seigneur de si beaux mouue-
      mens ?
          IOSAPHAT.
Pareils à ceux que i'ay de nobles sentimens,
Vn desir nompareil de sortir des tenebres
Où ie ne voyois rien que des objets funebres,
De quitter mes abus, & me faisant Chrestien
Aller chercher ailleurs vn plus ferme soûtien.
          BARLAAM.
O Dieu que ta bonté nous fait voir de mira-
      cles !   IOSAPHAT.
Ie voulus bié souuãt malgré tous les obstacles
Qui s'opposoiét enséble à mes iustes souhaits,
Apres tant de desirs en venir aux effets :
                E 2

Mais la difficulté de corrompre les Gardes ,
De passer au trauers de tant de halebardes ,
Et de tromper Zardan celuy qui sort d'icy
Au lieu de m'assister augmentoiét mon soucy.
Vn iour qu'il me parloit dedans les galeries
Où ie m'entretenois de mille réveries ,
Ie l'importunay tant qu'il m'apprit la raison
Pour laquelle le Roy me retient en prison.
Abenner , me dit-il , se fiant aux merites
Dont presque chaque iour on ventoit ces Her-
      mites ,
N'ayant point d'heritier qui luy pût succeder,
Afin d'en obtenir les fit interceder.
Il vous eut à la fin auecques leurs prieres :
L'Inde, mais Calamine & Nyse les premieres,
Et tous nos alliés fournirent à leur tour
Des thresors infinis pour honorer ce iour.
Les plus habiles gens & d'Asie & d'Europe
Dés que vous fûtes né firent vôtre horoscope;
Tous tomberent d'accord que vous seriés
      heureux,
Magnanime, prudent, adroit & genereux :
Mais aussi quelques-vns eurent cette pensée
Qu'vn culte tout nouueau d'vne troupe inséée
Vous feroit rejetter celuy de vos ayeulx,
Que vous seriés Chrestien.
            BARLAAM.
        Pouuoient-ils dire mieux ?
        IOSAPHAT.
Le Roy, poursuiuit-il, triste & melancholique

Ne voulut pas attendre vn effet si tragique,
Il fit tous ses efforts afin de l'empécher,
Et c'est pour ce sujet qu'il me fit depécher;
Que sa crainte luy fit mediter vôtre absence
Auant que vous eussiés l'âge de connoissance,
Et que vous confiant à ma discretion,
Il me donna le soin de vôtre instruction.
Mais quoy qu'il veille en tout contenter vôtre
    enuie
Il defend neantmoins sur peine de la vie.
Par autant de Courriers qu'il enuoye vers nous
Qu'on souffre qu'vn Chrestien parle iamais à
    vous ,
Ny qu'on vous face voir ces objets de misere
Qui pourroiét diuertir le succez qu'il espere.
Ce discours m'étóna: mais pourrât i'en cóceus
Vn espoir bié puissant dés biés que i'ay receus;
Et ie sentis pour lors de si fortes atteintes ,
Qu'vne nouuelle ardeur bannit toutes mes
    craintes.
Mais pour vous acheuer ce que i'ay cómencé,
Depuis que ie nâquis vn an s'étant passé
Mon pere eut vne fille en beauté sans seconde.
Dont la mere mourut en la mettant au monde,
Ie le sceus , & depuis mon emprisonnement
Ie les ay veus tous deux vne fois seulement.
Mais quel estrange bruit ?

SCENE QVATRIEME.

ZARDAN, IOSAPHAT, BARLAAM,
ZARDAN.

C'Eſt le Roy vôtre pere.

IOSAPHAT.

Dieu!

ZARDAN.
Qui vient d'arriuer.

IOSAPHAT.
Que faut-il que i'eſpere ?

ZARDAN.
Ie n'euſſe pas oſé rompre vôtre entretien
Pour vn moindre ſujet.

BARLAAM.
Que cét homme feint bien !

IOSAPHAT.
Eſt-il ſeul ?

ZARDAN.
Vôtre ſœur eſt en ſa compagnie
Et des gens de ſa Cour vné ſuite infinie.

BARLAAM.
Demeurês toûjours ferme.

IOSAPHAT.
Allés , retirés-vous.

BARLAAM.
Prenés garde Seigneur d'animer ſon courroux,

Et de luy decouurir l'objet qui vous enflame
Sans decouurir aussi les secrés de son ame.
            IOSAPHAT.
Non: n'apprehendez rien à ma confusion,
Ie sçay ce qu'il faut faire en cette occasion :
En tout cas i'ay du cœur & beaucoup de con-
      stance.
Ie vous joindray bien-tost, allés, le Roy s'a-
      uance.

SCENE CINQVIEME.

IOSAPHAT, ZARDAN, ABENNER,
  ARACHE'S, THEVDAS, GERONDE,
    ACHILE'E, BALAC.
        IOSAPHAT.
SIRE ayant le bonheur de vous voir en ces
      lieux
Ma prison me parét vn seiour glorieux :
Quoy qu'elle m'ait dépleu par l'absence d'vn
      pere
I'attends de sa presence vn état plus prospere,
Et tout ce qui pourroit depuis qu'il est venu
Me donner du regret, c'est qu'il ma preuenu.
        ABENNER.
N'en ayés point, mon fils, i'ay voulu vous sur-
      prendre,
D'vn heur inesperé la ioye en est plus tendre;

Ie n'attendois pas moins de vôtre humilité,
Et puisque la longueur d'vne captiuité
N'a pû de Iosaphat dementir la naissance,
Que l'hôneur, le respect, l'amour l'obeissance,
Ont produit en ses mœurs ce que i'ay souhaité,
Qu'il sçache que ie viens le mettre en liberté,
Et luy communiquant l'éclat qui m'enuironne
Partager auec luy les soins de la Couronne.

IOSAPHAT.

Sire, ce sont des biens que i'ay peu meritez,
Ou plûtost des effets de vos rares bontez,
Ce seiour ennuyeux par ses hautes murailles
M'a toûiours defendu l'accés dâs les batailles,
Ce Palais ennemy de mon parfait bonheur
Ne m'a iamais permis d'acquerir de l'hôneur.
Ils m'ont entretenu dans vne humeur pensiue,
Tandis que ma valeur est demeurée oysiue,
Et lors que ie pouuois par mile beaux exploits
Signaler mon courage à conseruer vos droits.
Helas ! où quelquesfois m'a porté la nature,
Ie voyois sur ces murs des côbats en peinture,
Dans ces lambris dorés des hômes triomphâs
Sortir victorieux en la fleur de leurs ans.
Mon ardeur me poussoit à prendre aussi les
    armes,
A combattre auec eux, à donner des alarmes,
A forcer vne place, à vaincre, à pardonner,
Et prendre les honneurs qu'on leur vouloit
    donner.
Mais quoy ie n'ay rien fait, cette inutile épée
                                        Ne

Ne s'est iamais peu voir par mon bras occupée
Et ce fer paresseux n'a bougé du fourreau
Pendât que l'ennemy nous creusoit vn tôbeau,
Sire, pardonnez donc mon peu d'experience,
Et si ie vous répons par la voix du silence.
ABENNER.
Ouy, mon fils ie le sçay, vous estes genereux;
Et moy ie vous veux rendre autant ou plus
   heureux.
Vous esprits tous diuins, fideles interpretes
des volontez du Ciel & des choses secretes,
Ouy vous l'aués bien dit qu'il seroit vertueux,
Magnanime, prudent, adroit, respectueux,
Mais vous qui me disiés qu'vne secte nouuelle
Rendroit vn iour aussi son ame criminelle:
Ne me voyez iamais, ie ne vous croiray plus,
Vos efforts seront vains, & vos arts superflus.
ARACHE'S.
Seigneur nous prenons part à vôtre deliurâce,
Comme nous auôs fait dedans vôtre souffrâce.
GERONDE.
Mon frere apres le iour qui nous vid separer,
Tous mes contentemés n'ont iamais pû durer.
Ie vous parlois toûjours, & mon ame guidée
D'vn si cher souuenir vous voyoit en idée:
Mais pour me consoler ie crai qu'à l'auenir
Nous aurôs plus de temps de nous entretenir.
ABENNER.
Ouy, ouy vous en aurés: mais allons pour cête
   heure

Changer cette prison en vne autre demeure.
ARACHES.
Voicy le lieu, Madame, où le Ciel veut enfin
Qu'Arachés & Geronde ayent vn méme destin,
Mais suiuons, le Roy sort.

SCENE SIXIEME.

ZARDAN.
Dieux quel rapport ferai-ie ?
Ce méchant là seduit, côment le cacherai-ie ?
Si l'on le sçait auant qu'on ait eu mon avis
D'vn eternel malheur mes iours seront suiuis.
Ie dois beaucoup au Roy : mais c'est vn'iniu-
stice
De perdre Iosaphat. O Ciel? sois moy propice,
Et m'enseigne auiourd'huy comment ie dois
agir,
Empécher & le pere & le fils de s'aigrir :
Mais c'est trop consulter, ma passion s'irrite,
Il faut sauuer le Prince, & perdre vn hypocrite.

Fin du premier Acte.

ACTE SECOND.

IOSAPHAT, BARLAAM, ABENNER,
ARACHE'S, GERONDE, ACHILE'E,
THEVDAS, ZARDAN, BALAC.

SCENE PREMIERE.

IOSAPHAT, BARLAAM.
IOSAPHAT.

Barlaam sauués vous, la cholere du Roy
Est prête d'éclater & sur vous & sur
    moy;
Nous sommes découuerts, vn chacun
    nous espie,
Sauués vous Barlaam, sauuez vous ie vous prie
Si l'on vous tourmentoit pour mon occasion
Ie mourrois de regret & de confusion.

BARLAAM.

Ie sçay bié le pouuoir d'vne aueugle vengeáce:
Mais ie sçay mieux encor celuy de la constáce.
L'vn me veut ébranler, l'autre beaucoup plus
    fort
Me fait tout méprifer, méme iusqu'à la mort,

Et s'il me faut passer par le fer & la flame
I'exposeray ce corps afin de sauuer l'ame.

IOSAPHAT.

Il n'en faut pas venir à ces extremitez.
Non: suiuez mon conseil, fuyez leurs cruautez
Ie sçauray bien les vaincre, & vôtre âge debile
Doit treuuer dans le mien vn prompt & fort
    azile.

BARLAAM.

Ha vieillesse ennemie & qui me fais mourir!
Loin de t'abandonner, on te veut secourir.
Non, Seigneur, laissés moy franchir mes de-
    stinées,
Et ne mesurez point mô cœur par mes années.
Ie suis féble, il est vray : mais ie suis toûiours
    prét
De souffrir ce qu'ordonne vn rigoureux Arrest
L'espoir que mon esprit a de rôpre ses cheines
Le fera triompher des plus cruelles geines;
Et le desir qu'il a de voler dans les Cieux,
Echaufera bien-tost ces membres froids &
    vieux.
Heureux apres auoir tant souffert en ma vie,
Si pour vn Dieu fait hôme elle m'étoit rauie.

IOSAPHAT.

O Dieu! que de constance en si peu de vigueur!
Mais que d'ingratitude, ou bié que de rigueur!
Si ie souffre qu'apres vn penible véage
Il s'expose luy seul au milieu de l'orage.
Non : ne le souffrons pas, ôtons nous de soucy.
             Barlaam

Barlaam derechef éloignez vous d'icy :
Fuyez, mais promptement. Son courage s'a-
　　baiſſe.
　　　　BARLAAM.
Mais......?
　　　　IOSAPHAT.
　Ne differés point.
　　　　BARLAAM.
　　　　　　Voulez vous que ie laiſſe
Vn ouurage imparfait, Ioſaphat conuerty
Sans l'auoir mieux inſtruit de ſon nouueau
　　party.
Que ie meure plûtoſt, & qu'vn cruel ſupplice
Puniſſe ſur ma teſte vne telle iniuſtice.
　　　　IOSAPHAT.
Puiſque ie ne puis vaincre vn courage ſi grãd,
Qu'en vain par ſes diſcours ma bouche l'en-
　　rreprend,
Ie veux vous conjurer par la bonté ſupreme,
Par vos enſeignemens, par vous & par moy-
　　méme,
De ne me pas donner le mécontentement,
De vous voir au hazard d'vn ſenſible tourmét.
Et pour vous obliger à cette dure abſence,
Sçachés qu'auec regret ie pers vôtre preſence;
Et que ie ſouffriray les priſons & la mort
Auant que de changer de creance & de port.
　　　　BARLAAM.
Ajoûtés le meilleur, & qui mettra nos teſtes
A l'abry le plus ſeur des vêts & des tempeſtes.
　　　　　　　　G

Ie vous dis donc adieu, i'embraſſe vos genoux,
Soyés toûiours conſtant.

IOSAPHAT.

　　　　　Mon pere leués-vous,
Ce nom m'eſt bien permis, puis qu'en effet
　　　vous l'eſtes,
Vous me verrez bien-tôt dans vos ſombres re-
　　traites,
Et dés que ie pourray me défaire des miens
I'abandonneray tout, Royaume, honneurs
　　& biens.
Encore vn coup adieu,

BARLAAM.

　　　　　Que le Ciel m'eſt contraire!
Mais puiſque mõ abſence eſt vn mal neceſſaire
Conſeruez moy toûiours dans vôtre ſouuenir.
Ie vous quitte,

IOSAPHAT.

　　　Allés donc, i'entens quelqu'vn venir.

SCENE SECONDE.

IOSAPHAT, GERONDE, ACHILEE,
GERONDE.

IE vous treuue à propos tout ſeul dans cette
　　ſale:
Mais auez vous perdu vôtre humeur iouiale?
Ie vous vois tout penſif, & comme mal conté.

IOSAPHAT.
Non:mais ie ruminois vn conseil important
Qu'on me vient de dôner sur vne bône affaire,
Et que ie vous dirois si vous la vouliez faire.
GERONDE.
Ie ne sçaurois faillir en suiuant vos auis :
Qui me pourroit blâmer de les auoir suiuis ?
Et qui ne voudroit pas imiter vôtre exemple,
A qui sans prophaner on peut dresser vn téple?
IOSAPHAT.
Ouy, Mais c'est à celuy dont ie vous ay parlé,
Comme il est peu commun, il est tres-signalé,
Et quoy qu'il vous surprenne autant qu'il est
    étrange,
Il n'est pas toutesfois indigne de loüange.
GERONDE.
Si vous le iugez tel il doit être parfait,
Et produira sans doute vn merueilleux effet.
Le Ciel n'inspire point dâs les esprits sublimes
De desirs qui ne soient & purs & legitimes ;
Et comme il les gouuerne auec beaucoup de
    soin,
Il ne voudroit iamais leur manquer au besoin.
Le vôtre ie m'asseure à le méme auantage,
Il joüit à plaisir des biens qu'il leur partage,
Et sans que pas vn d'eux luy puisse disputer,
Il peut tout entreprendre & tout executer.
Il n'est point de desseins dans vne ame si haute
Qui ne soiét eloignez & de blâme & de faute;
Et Iosaphat est né d'vn trop illustre sang

Pour faire iamais rien indigne de son rang.

IOSAPHAT.

Vous dites vray, ma sœur, mais suiuant les
  maximes
Que le siecle établit pour fométer ses crimes,
Mon dessein passera pour vn noir attentat,
Pour vne trahison, pour vn crime d'Etat,
Quoy qu'il soit en effet le plus iuste du monde
Et qu'il attireroit la Princesse Geronde.

GERONDE.

Ce discours est obscur, & ne puis conceuoir
Que mon frere voulut oublier son deuoir:
Non: il a trop de cœur, il a trop de prudence,
Pour commettre iamais vne pareille offence;
Et ie fais déia tort à sa rare vertu
Qui n'a point d'ennemy qu'elle n'ait abatu.

IOSAPHAT.

C'est pour en auoir trop qu'elle sera haye,
Qu'elle rendra bien-tost toute l'Inde ébahye,
Vne sœur bien surprise, vn pere courroucé,
Et piqué contre vn fils sans qu'il l'ait offencé.
C'est pour en auoir trop que i'expose ma vie
Aux malheurs dont sans doute elle sera suiuie.
C'est pour en auoir trop que ie fais vn proiet.

SCENE TROISIEME.

THEVDAS, IOSAPHAT, GERONDE,
ACHILEE, THEVDAS,

SEigneur, le Roy vous mande.
IOSAPHAT.
Allons.
GERONDE.
Pour quel sujet ?
IOSAPHAT.
Vous l'apprendrés bien-tost, ma sœur, & dans
vne heure
Sçaurez si ie dòis viure, ou s'il faut que ie
meure.   GERONDE.
O Dieux ! que dites vous ?
IOSAPHAT.
Marchons sans differer.

SCENE QVATRIEME.

GERONDE, ACHILEE,
GERONDE.

QVels supplices noueaux luy veut on pre-
parer ?
Quel crime a-il commis ? se peut-il que mon
pere

Conſerue en ſa memoire vn reſte de cholere?
Qu'vn fils qu'il ayme tant en ſoit déja party,
Qu'apres ſa deliurance il ſe ſoit repenty ?
Et craignant qu'il embraſſe vn'erreur crimi-
　　nelle ,
Qu'il veuille rendre enfin ſa priſon eternelle?
Ha fils infortuné d'vn pere rigoureux !
Que la ſeule innocence a rendu malheureux,
Et qui s'eſt veu puny d'vn crime imaginaire
Auſſi-toſt qu'il a veu le iour & ſa miſere !
Et vous qui vous mélez d'auancer les inſtans,
De ſonder les eſprits, & predire les temps ,
Ignorés vous encor auec vos vains preſages
Que les aſtres n'ont point de pouuoir ſur les
　　ſages ,
Et que lors qu'il s'agit d'vn homme vertueux
Ils conſeruent pour luy des ſoins reſpectueux.
Ouy, ouy vous l'ignorez, & par vôtre ignorâce
Vous vous eſtes rédus autheurs de ſa ſouffrâce;
Vous l'auez condãné ſans qu'il eut rien cõmis,
Et fait de ſes parens ſes plus grands ennemis.
Mais helas que ie ſens mon ame partagée ;
La crainte s'établit où l'eſpoir la rangée,
Et tout ce qu'il m'a dit en termes ambigus
Cauſe dans mon eſprit des tourmés bien aigus
I'apprehende, Achilée, vn changemét notable,
Tout ce qu'on a predit peut étre veritable,
Et Ioſaphat enfin peut couuer en ſon ſein
Les iniuſtes projets d'vn malheureux deſſein;
Il peut étre Chreſtien, & l'étre ſans le dire,

ſt c'et ce qui m'afflige & qui fait mõ martyre.
        ACHILE'E.
Ha Madame ſouffrés que i'arreſte le cours
Des regrets où vous porte vn ſi triſte diſcours:
Vous laiſſés trop agir le ſang & la nature,
Zardan veille le Prince, & la bonne teinture,
Et du culte & des mœurs qu'il a priſe de luy
Vous oſte tout ſuiet de rien craindre auiour-
        d'huy.   GERONDE.
Ie crains, ie crains pourtãt, & ie crains Achilée
L'effet d'vn ſouuenir dõt mõ ame eſt troublée.
Tu n'as pas encor ſceu l'étrange viſion
Que i'eus, & qui ne peut étre vne illuſion:
I'eſtois vn iour allée au grãd Temple de Nyſe
Prier pour le ſuccés d'vne iuſte entrepriſe
Que mon pere braſſoit ſur la fin de l'Eſté
Contre tout vn pays qu' s'étoit reuolté.
Te laiſſant en la Nef auec mes autres filles,
Ie m'aprochay bien pres de l'vne de ces grilles
Qui defendent par tout l'entrée de l'autel,
Pour y faire en ſécret mes yœux à l'Immortel:
Ie me leuois déia, lors que d'vne fenêtre
Ie vis vn certain corps difficile à connétre,
Ie le pris pour quelqu'vn de ces eſprits diuins
Qui viénent quelquesfois cõſoler les humains
Il étoit lumineux, & tout brillant de gloire,
Et portoit deſſus luy des marques de victoire.
L'ayant conſideré plus attentiuement
Il m'apprit en ces mots ce qui fait mon tour-
        ment.

ORACLE.

Tes vœux sont exaucez ; mais dedans Calamine,
Tu verras arriuer vn tres grand changement,
Ton frere quittera son ancienne doctrine,
Et laissera le Thrône à ton fidele Amant.

Ie te laisse à penser comme ie fus surprise,
Et de quelle douleur mon ame fut éprise
Quand cette voix m'apprit le pitoyable état
Où ie verrois bien-tost le Prince Iosaphat.
Elle s'euanouït ayant fait son message,
Et m'arrachant l'espoir me laissa sans courage.
Vous l'apperceutés bien quãd ie fus de retour
Et vous en rapportiez la cause à mon amour ;
Vous crûtes qu'Arachès occupoit ma pensée,
Que d'vn si cher obiet ie me sentois blessée,
Et qu'autre qu'vn Amant ne me pouuoit trou-
          bler :
Mais c'estoit ce sujet qui me faisoit trembler.
Ie ne vous en dis rien, n'étant pas necessaire
De découurir si tost cét important mystere :
Mais i'ay toûiours depuis apprehendé la fin
D'vn auertissement qui n'est pas sans dessein,
Et ie ne puis sans blâme oster de ma memoire,
Ce qui touche mõ sang, & qni ternit sa gloire.

ACHILE'E.

Ce sujet n'est pas grãd pour vous en émouuoir
Les Oracles n'ont plus de voix ny de pouuoir
Il ne se treuue plus d'hommes qui les honorét,
Et depuis que ce Dieu que les Crhestiens ado-
          rent

A remply l'vniuers du faux bruit de ſes faits
Ils n'ôt plus eu de vogue, & n'en aurôt iamais.
Mais quoy ? ſi cette voix vous a tant affligée,
Elle ne vous à pas auſſi deſobligée ;
Puis qu'elle vous promet que vous verrez vn
     iour
Arachés dâs le thrône, & vous dâs ſon amour.
          GERONDE.
Que ce ſoit vn Oracle, ou bien vne ambaſſade,
Qu'auecques tant d'éclat, qu'auec tant de
     parade
Elle me ſoit venuë annoncer ce malheur,
Ie ne l'ay point appris ſans beaucoup de dou-
     leur.
Mais que mal à propos ta vaine complaiſance
Ordonne à mes ennuys vne fauſſe allegeance !
Penſes-tu me porter par ce flateur diſcours
A rompre de mes ſoins & l'ardeur & le cours,
Et te prenant fort mal au deſſein de me plaire
Crois-tu que ie prefere vn Amât à mon frere,
Vn thrône à ſon bon-heur, Arachés a ſon rang,
Mô amour à ma gloire, &ma flame à mô ſang.
Non n'attends point de moy de ſentiment ſi
     lâche,
Mon deuoir s'en defend, & mon honneur s'en
     faſche,
Et croy quoy que mon feu ſoit vn feu violant
Quand Ioſaphat parét qu'il n'eſt plus ſi brûlât.
          ACHILE'E,
Madame le Roy vient.

                    H

GERONDE.

Ie voy sur son visage
Des indices certains d'vn sinistre presage :
Ses pas mal-asseurés, & sa passe-couleur
Me font apprehéder quelqu'étrange malheur.

SCENE CINQVIEME.

ABENNER, ARACHE'S, ZARDAN,
GERONDE, ACHILE'E, BALAC,
ABENNER.

OVy, que l'on s'en saisisse, allés en diligéce
Immoler ce perfide à ma iuste vengeáce.
Ma fille s'en est fait, ton frere s'est rendu,
Nôtre industrie est vaine, & nôre espoir perdu.
Il est Chrestié, ô Dieux que ce mot est horrible
Et qu'il donne à mon ame vn tourment bien
        sensible !
Il est Chrestien, ô Dieux que mes sens sont
        confus !
Et que tous nos desseins sont enfin superflus ?
Il est Chrestié, ô Dieux que ce péser m'effroye !
Que i'ay le cœur percé des douleurs qu'il
        m'enuoye !
Qu'ont seruy tant de soins & tant d'inuétions ?
Que nous ont profite tant de precautions ?
Et vous dont i'accusois les iniustes folies,
Ouy vos predictions se treuuent accomplies,

Iosaphat est Chrestien, l'ingrat nous a quitté,
Il embrasse vne Loy pleine de fausseté.
Si pour auoir blámé vôtre haute science
Vous vous estes vengez sur luy de mô offence,
Détournez en vos coups, & les portez sur
     moy :
Mais faites que tous deux nous gardions nôtre
     Foy.
Ha pere malheureux d'vn fils plus miserable,
Fils qui rend auiourd'huy son pere deplorable
Fils l'obiect de sa haine, enfant dénaturé
Pourquoy iusqu'à ce iour les miés ont-ils duré

GERONDE.

Sire cét accident & m'afflige, & m'étonne,
Luy que vous destiniés si tost à la Couronne,
Que vous auiez desia remis en liberté,
Et qui voyoit enfin son bon-heur arresté :
Mais, Sire, pardonnez cette ieune saillie,
Vôtre fils est mon frere, & sa sœur vous en prie.

ABENNER.

Quoy vo' l'aymés encor tout perfide qu'il est

ARACHES.

Que vôtre Majesté m'entende s'il luy plaist,
Et que par vn auis que luy donne ma bouche,
Elle apréne à quel point só interest me touche.
Dans cette occasion, Sire, il faut apporter
Les remedes plus courts que l'on puisse inuen-
     ter.
I'en trouue ce me semble vn tres prompt &
     facile,

Dont l’effeſt que ie croy ne peut eſtre qu’vtile.
Ie connois vn Nacor tres-honneſte Seigneur ,
Et qui fut autresfois mon premier gouuerneur.
(Sa demeure eſt icy tout proche Calamine)
Qui reſſemble ſi fort de ſtature & de mine
A ce perfide autheur de ſa perdition,
Qu’il pourroit bien ſeruir à ſa reduction
Ie le feray venir au plus tard dans vne heure.
          ABENNER.
Fay , fay le donc venir : Mais Ciel fay que ie
     meure.
          ARACHES,
Quand le Prince viendra: Sire, vous luy dirés
Qu’on a pris Barlaam, & que vous ſouffrirés
Qu’il embraſſe la foy de ce ſainſt perſonnage
S’il ſort de la diſpute auec de l’auantage ,
Mais que s’il eſt vaincu vous eſtes reſolu
De le faire changer d’vn pouuoir abſolu
Cependant de maintien, de geſte & de parolle
I’exhorteray Nacor de bien iouër ſon rolle ,
De faire le Marchand : mais qu’il n’y manque
     rien ,
Luy diſant qu’en cela conſiſte tout ſon bien.
Quand ils cómenceront cette illuſtre querelle
Que tantoſt il ſoit fort, & tantôt qu’il chäcelle,
Qu’il ſuccombe á la fin , & que tout à la fois
Ioſaphat ſoit contraint de receuoir vos loix.
          ABENNER.
Ce conſeil eſt tres-bon , i’en veux faire l’e-
     preuue :
                              Va,

Va, si ie pers vn fils, en toy ie le retreuue.
Mais le voicy qui vient d'vn pas maiestueux,
Tout beau reculez-vous, soyez respectueux.

ZARDAN.

O Ciel il me regarde !

SCENE SIXIEME.

ABENNER, ARACHES, ZARDAN,
IOSAPHAT, THEVDAS, GERONDE,
ACHILE'E.   ABENNER.

A La fin vôtre pere
A sçeu le beau dessein que vous luy vouliez
    taire ;
Il est beaucoup hardy : mais tres-ambitieux,
Et n'ataque pas moins qu'Abéner & les Cieux,
Et tout autre suiet se treuueroit indigne
D'épreuuer dessus luy vôtre valeur insigne.
Tu veux dóc malheureux t'adresser à ton Roy,
Tu veux étre Chrestié, tu veux quitter ta Foy,
Traître crois pour certain que les Cieux &
    ton pere
Banniront de ton cœur ce qu'en vain il espere.
Est-ce la donc ce bras ? est-ce là cét appuy ?
Et ce puissant support que i'attendois de luy ?
Apres la liberté que ie t'auois donnée,
Ton bonheur étably, ta teste couronnée.
Falloit-il, fils ingrat, me reconnétre ainsi ?

                    I

Parle, as tu rien à dire ? oſte moy de ſoucy.

IOSAPHAT.

Sire, ſi ie vous parle, il faut que ie m'attende,
D'attirer deſſus moy tout ce que i'apprehéde,
Vôtre cholere, Sire & le reſſentiment
Où vous porte auiourd'huy mon ſoudain
    changement.
Ce n'eſt pas en effet qu'ils puiſſent me con-
    traindre,
Ma generoſité me defend de rien craindre,
Et qui ſe fait Chreſtien doit auſſi s'obliger
A ſouffrir tous les maux dõt on peut l'affliger.
Mais ie crains pour vn pere ; & la ſeule nature
Fait toute ma douleur & toute ma torture.
Ie ſuis doncques Chreſtien: mais ny le Ciel ny
    vous
Ne me deuez pourtant regarder en courroux ;
Ie ſuis les mouuemeus d'vne flame ſecrete :
Que m'a communiquée vn fidele Interprete,
Mou cœur s'eſt diſpoſé pour la mieux receuoir
Et n'a pû reſiſter à ſon diuin pouuoir.
C'eſt vn rare bien fait, c'eſt vne grace infuſe
Qui ſauue qui la prend, qui perd qui la refuſe,
Ie l'ay, Sire, embraſſée & la veux retenir.

ABENNER.

A peine mon tranſport ſe peut-il contenir,
Oſes tu deuant moy proferer ces paroles
Traître ? & m'entretenir de ces diſcours fri-
    uoles ?
Que ie rangeray bien ce courage indompté.

Mais encore pour toy i'ay ce trait de bonté ,
Et ie vais te monstrer que malgré ton offence
Mon dessein est d'vser enuers toy de cleméce.
Ie veux que nous voyons disputer sur le champ
Contre nos Chaldéens cét habile Marchand ;
S'il est victorieux ie permets qu'il poursuiue
De t'enseigner sa Foy ; mais aussi s'il arriue
Qu'on ayé le dessus sur le party Chrestien ,
Resous toy de bonheure à reprendre le tien.

IOSAPHAT.

Cette condition que mon pere m'octroye
Est iuste , & la reçois auec beaucoup de ioye :
Mais vous ne tenez rien, Barlaam s'est sauué.   *Tout bas*

SCENE SEPTIEME.

BALAC, & les precedans.

BALAC.

IE ne l'ay pû trouuer.

ARACHE'S.   *Arachés*
Dis que tu l'as treuué.   *le voyãt*
                             arriuer
BALAC.   *va au*
Sire nous le tenons ce perfide auersaire ,   *deuant*
Et quoy qu'il sceut mon ordre exprés & ne- *de luy.*
    cessaire
Il a bien eu le front de vouloir resister.

IOSAPHAT.
Qucy ! Barlaam est pris ?

I 2

ABENNER.

Ceſſés de perſiſter
Dans vôtre folle erreur,& plaignez vous vous
　　　méme
Du malheur qu'á produit ſon impudence ex-
　　　tréme.
Penſez-y meuremẽt.& craignez mõ courroux.
GERONDE.

O mon frere !

ABENNER.

Non, non, ma fille ſuiuez nous,
Et laiſſez le à loiſir mediter ſur ſon crime.

ZARDAN.

Dieu que le mien eſt grand !

SCENE HVITIEME.

IOSAPHAT.

Innocente victime
Qui vas étre immolée à l'iniuſte fureur
De ceux qui par ta perte accroîtrõt leur erreur
Et qui déchargeront leur aueugle cholere
Sur tes mébres chargez & d'ans & de miſere.
Pourquoy t'arreſtois tu ſi long-temps en ces
　　　lieux ?
Pourqnoy ne fuyois tu ces monſtres furieux ?

Et quand ie t'auertis de leur maudite enuie,
Que ne t'efforçois tu de conseruer ta vie?
Qu'elle forte raison te retenoit icy?
Qui t'empéchoit de viure & m'ôter de soucy?
Et puis qu'en t'éloignât tu le pouuois bié faire
Qui te fit retarder cét important affaire?
Ha! que si c'euft été pour courir au trépas,
Vn desir plus ardent eut retenu tes pas!
Qu'il eut bien excité ta tardiue vieilleffe,
Et qu'il t'eut fait marcher auec plus de viteffe!
Non, nôtelle aymoit mieux s'auācer à la mort,
Que de s'en reculer par vn honteux effort;
Et l'effet qu'à produit fa haute refistance,
Me fait auec raison douter de ma conftance,
Mais i'ay tort d'en douter, t'ay-ie pas imité?
N'a-on pas déja veu ma generofité?
Le Roy dans fa cholere a tâché de m'abattre,
Et ce cœur inuaincu toûiours prét à combatre
N'a-il pas refifté contre tous fes affauts?
Veut-il pas deformais s'exercer aux trauaux?
Ouy, crois-le Barlaä, & que quoy qu'il arriue
Tu ne mourras iamais qu'auffi ie ne te fuiue.
Mais que veut ce perfide?

SCENE NEVFVIEME.

ZARDAN, IOSAPHAT,

ZARDAN.

Mplorer vos boutez,
Seigneur, & découurir toutes mes lachetez.
Ouy, ie vous ay trahi, ie viens vous satisfaire,
Et demander pour grace vn châtiment seuere:
Me l'accorderez vous Seigneur?

IOSAPHAT.

Remettez-vous.

ZARDAN.

Ie ne me puis lasser d'embrasser vos genoux.

IOSAPHAT.

Ce respect pour cette heure est beaucoup
inutile.
Leués-vous.

ZARDAN.

I'obeis, mais qu'il m'est difficile.

IOSAPHAT.

Vous n'estes pas venu sans l'auoir medité.
Poursuiuez.

ZARDAN.

Iugez mieux de ma sincerité,
Et ne conceuez rien à mon defauantage.

IOSAPHAT.

Ha! vous m'inportunez, faites vôtre message.

Parlez, que veut ma sœur, ou que me veut le
   Roy?
Que me demandent-ils?
       ZARDAN.
    Rien Seigneur, mais c'est moy
Qui viens.
      IOSAPHAT.
   Quoy me trahir!
      ZARDAN.
      Vous demander ma grace,
Et pour ma trahison vn pardon qui l'efface.
Que ma reconoissance en soit l'vn des motifs,
Qu'vn dessein tout nouueau d'vn pere contre
    vn fils;
Mais dangereux pour luy, que ie viens vous
    apprendre
Soiét de fortes raisós qui me puissent defédre.
Ouy Seigneur il est vray le Roy vous a trõpé,
Il pense asseurement vous auóir atrapé,
Arachés l'a seduit, & luy vous a fait creré
Que Barlaam est pris.
      IOSAPHAT.
     O l'étrange mystere!
      ZARDAN
Mais il n'a fait cela que pour vous éprouüer,
Barlaam n'est point pris, on ne la pû treuuer:
Ie le sçay pour certain d'vn des gens de marine
Qui la veu s'embarquer au port de Calamine.
Ils ont donc supposé pour le vray Barlaam
Vn homme qu'on prendroit pour vn vieux
    Charlatan

Arachés qui conduit toute cette entreprise,
Et qui le vid vn iour comme il estoit a Nyse,
A creü que celuy-cy qui luy ressemble vn peu,
Pourroit bien aisément acheuer ce beau jeu.
Ils veulent le produire, & qu'en vôtre preséce
Contre les Chaldeéns il entre en conference ;
Et qu'apres qu'il aura quelque temps balancé,
Qu'il succombe. Le tout est beaucoup auancé,
Ils l'instruisent déja.

IOSAPHAT.

L'intrigue est fort plaisante:
Mais ie la détruiray d'vne main plus sçauante,
Et sans faire semblant que i'en aye rien sceu,
Ie rompray d'vn seul mot tout ce qu'ils ont
conceu.
I'oublie le passé : mais par vôtre prudence
Gardés qu'on sçache rien de nôtre intelligéce.

Fin du second Acte.

ACTE

ACTE TROISIEME.

ARACHE'S, GERONDE, ABENNER,
NACOR, IOSAPHAT, THEVDAS,
ZARDAN, ACHILEE, BALAC,

SCENE PREMIERE.

ARACHE'S, GERONDE, ACHILEE.
ARACHE'S.

Qvoy, Madame, obliger à ce retar-
dement
Celuy qui ne peut viure & vous
perdre vn moment ?
Ordonner vne loy si dure & si seuere
Aux plus sainctes ardeurs d'vne amitié sincere
Et si prét de me voir au faiste du bonheur,
Alleguer contre luy ces maximes d'honneur ?
Ha ! de trop de rigueur, & de trop d'iniustice
Seroit accompagné mon fidele seruice,
Et ie pourrois me plaindre auec iuste raison
D'vne attente si longue & si hors de saison.
GERONDE.
Aussi dãs les malheurs eù l'on me void plógée,

* K.

Que doit-on esperer d'vne fille affligée ?
Que la perte d'vn frere & l'ardeur d'vn amant
D'amour & de pitié touchent également ?
Si prest de voir mõ sang se noircir par vn crime
Mon feu ne seroit plus ny pur ny legitime
Si ie portois ailleurs mes vœux & mes desirs
Qu'à ce triste accident qui fait mes déplaisirs.
Ce n'est pas que pour vous mon cœur ne s'in-
          teresse ,
Si ie suis digne sœur, ie suis digne maistresse,
Et loin de retrancher de mõ affection
Ie sens à tous moments croistre ma passion.
Depuis que vos vertus s'acquirent mõ estime,
Que ie leur immolay mõ amour pour victime,
Et que considerant vos rares qualitez
Ie connûs aussi tost ce que vous meritez.
I'ay toûiours respecté l'amitié qui nous lie,
I'ay souhaitté de voir nostre attête accomplie,
Et comme i'ay sans blâme eü de l'amour pour
          vous
I'y fonde derechef l'espoir d'vn digne époux.
Mais pendant que le Ciel contraire à nostre
          ioye
Souffre qu'à nostre abord vn frere se fouruoye,
Que Iosaphat nous quitte , & que son pere &
          moy
Le voïons à nos yeux abandonner sa foy.
Pourrions nous sans rougir & sans mourir de
          honte
D'vn si pressant malheur faire si peu de conte,

Et mélant si soudain des ris auec des pleurs
Penser à nôtre Hymē au fort de nos douleurs?
Nō,ie croy qu'Arachés autât qu'il m'est fidele
Côserue pour mon sang & d'ardeur & de zele,
Et ce qu'il me témoigne auec tant de chaleur
N'est qu'vn viuant pourtrait de sa rare valeur.
                ARACHE'S.
Plûtost de mon amour vne parfaite image,
Vn beau ressentimēt de mon heureux seruage,
Vn desir legitime aprés vn long espoir
De iouyr du bonheur qu'il m'a fait conceuoir
Aussi ce que Geronde auec tant d'artifice
Malgré sa passion appelle vne iniustice,
Marque son bel esprit dans son raisonnement
Qui sçait persuader : mais qui fait mon tour-
        ment ;
Et tout ce qu'elle veut tirer à consequence
N'est qu'vn viuant pourtrait de sa rare elo-
        quence.   GERONDE.
Tréve de ce discours. De plus s'il vous souuiēt
De ce que ie vous dis à Nyse.....
                ACHILE'E.
            Le Roy vient.

SCENE SECONDE.

ABENNER, ARACHE'S, GERONDE,
ACHILE'E, ZARDAN, BALAC.
ABENNER.

Q Voy l'amour à prefent fe gliffe dans
    vos ames ?
   Vous vous entretenés du fujet de
    vos flames ?
Loin de vous affliger vous parlez de vos feux,
Loin de verfer des pleurs, loin de faire des
   vœux;
Et de joindre à mes foins vne própte affiftáce
Pour bannir de mon fang l'erreur & l'incon-
   ftance,
Vous employez le temps en de lâches difcours
Et vous me refufez vn fi iufte fecours,
Quittez ces vains tranfports, & plaignez la
   mifere
D'vn pere pour fon fils, d'vne fœur pour fon
   frere,
Et de toute la Cour pour l'illuftre heritier
Sur qui ie repofois tout vn Royaume entier.
Où plûtoft inuentez quelque forte machine,
Pour conuertir ce Cœur, pour le battre en
   ruine,
Et le tirer du gouffre où l'ont precipité
                    Vn

Vn trop peu de ieunesse & de legereté.
L'amour est mal seant dedans cette rencontre,
Il faut, Il faut icy que la pitié se monstre,
Et que toute autre ardeur qu'vn si iuste desir
Ramene en s'éloignant la ioye & le plaisir.
                ARACHES.
Nous auions sur ce poinct arresté nos pensées,
Sire nous en parlions, & nos ames poussées
De pareils mouuemens & d'vne mesme fin
Meditoient comme vous sur ce iuste dessein;
Et l'amour n'eut paru qu'à son desauantage
Dans cette occasion où l'hôneur nous engage.
                ABENNER.
Assez sur ce sujet ie suis entretenu,
Ce second Barlaam est-il enfin venu ?
                ARACHES.
Ouy: Sire, il est icy, Theudas prudent & sage,
L'instruit comme il luy faut iouer son person-
        nage.   ABENNER.
Faites-le donc venir; vous allez promptement   *Balac &*
Auertir Iosaphat dans son apartement,   *Zardan*
Dites luy de ma part qu'il vienne en diligéce, *s'en vôt.*
Et que chacun est prest d'entrer en conferéce.
O Ciel qui vois ma peine & mes iustes dou-
        leurs,
Sois au moins à ce coup touché de mes mal-
        heurs,
Détourne ta cholere & prens vne autre face,
Laisse agir ta clemence & finis ma disgrace.
Bien que plus releué, bien que plus grand que
        moy,   L

Suis auiourd'huy l'exemple & d'vn pere &
     d'vn Roy
Qui voyant dans son fils vn obiet legitime,
Et de haine & d'horreur luy pardóne só crime.
Conduis de tes regards toutes mes actions;
Seconde nos desseins & nos intentions,
Que ta puissante main aide à nôtre entreprise.
Que ton courroux calmé ton œil nous fauorise,
Et qu'enfin nous voyons l'effet de ta bonté
Par l'heureux changemét d'vn enfant reuolté.

SCENE TROISIEME.

ABENNER, ARACHE'S, NACOR,
  GERONDE, ACHILEE, THEVDAS,
    BALAC.   ABENNER.

L'Est-ce là ?
          ARACHE'S.
          C'est luy, Sire.
          ABENNER.
               Hé bien ! que vous en semble ?
Luy ressemble-il bien ?
          ARACHE'S.
               Ouy Sire, il luy ressemble,
Et si parfaitement qu'il seroit mal-aisé
De discerner le vray d'auec le supposé :
Et si ie ne sçauois ce plaisant stratageme,
Ie pourrois aussi bien me méprendre moy
     méme.

ABENNER.
Approchés vous Nacor, & voyez vôtre Roy
Qui veut vous éleuer au plus proche de foy ;
Qui tient dedans fes mains des faueurs non
    communes
Pour vous mettre au deffus des plus hautes
    fortunes ;
Et tout prét d'enrichir vous & vôtre maifon
Par les biens qu'elles vont y verfer à foifon.
Vous pouuez me feruir & m'obliger enfemble
De vous mettre au milieu des threfors que
    i'affemble ?
Vous pouués obliger toute l'Inde auec moy
En vous aquittât bien de vôtre digne employ.
Vous en eftes inftruict, & moy ie vous y porte
Vous allés l'entreprédre, &ie vous en exhorte.
Vous aués pour obiet vn Prince à conuertir.
Et de riches threfors qu'on vous veut departir
C'eft le plus grand honneur & le feul auantage
Que pouuoit efperer vn homme de vôtre âge;
Le Ciel vous a fait viure autant qu'il a fallu
Pour vaincre vn ennemy qui nous a preualu,
Pour renuerfer vous feul fa rage & fa furie
Que n'a pû détourner toute nôtre induftrie:
En vn mot vous aués à combatre aujourd'huy
Vôtre ennemy dãs vous, & vous méme dãsluy.
        NACOR.
Sire me voila preft, & l'ardeur qui m'anime
Va trahir la vertu pour étoufer vn crime,
Va dans vn innocent confondre vn criminel

Que doit ſuiure bien-toſt vn ſupplice éternel ;
Mon cœur tout diſpoſé par vne loy ſi douce
Eſt ardemment eſpris du deſir qui le pouſſe ;
Quoy qu'en cette victoire vne neceſſité
Veille en eſtât vainqueur que i'en ſois ſurmôté
Que celuy que i'attaque auec tant de courage
Ne puiſſe étre ſoûmis qu'à mon deſauantage,
Et que l'on voye enfin ſe joindre de ſi prés
Mes Lauriers triomphãs auecques mes cyprés.
Puis qu'vn Roy le cômãde il faut que i'obeïſſe
Et qu'en obeïſſant mon ennemy periſſe,
Puis qu'il y va du bien du Prince Ioſaphat
I'entreprendray ſans honte vn ſi iuſte combat,
Puis qu'auec tous les deux l'Inde encor m'y
    conuie,
S'il en eſtoit beſoin i'expoſerois ma vie.

ABENNER.

Ie loüe cette ardeur & cette affection
Que vous me témoignez dans mon affliction,
Ie n'eſperois pas moins d'vn ſeruiteur fidele
Qui brûle pour ſon maiſtre & d'ardeur & de
    zele ,
Qui prend ſes interéts comme s'ils étoiét ſiés,
Et prodigue pour luy ſa vie auec ſes biens.
Auſſi pour ces derniers autât que ma puiſſâce
Pourra ſe rendre égale à ma reconnoiſſance,
Ils ſeront augmentez , & vos enfans auront
Autant de dignitez qu'ils en ſouhaiteront,
L'autre depend du Ciel & de vos deſtinées
Qui peuuét prolonger le cours de vos années,

Qui peuuét l'exempter de peine & de foucy,
Vous deuez efperer qu'ils le feront auffi.
Ce genereux deffein que vous fait entreprẽdre
Le falut de mon fils merite vn foin bien tédre,
Et qu'il vous vienne enfin vn fingulier bôheur
D'vne action fi belle & fi pleine d'honneur.
C'eft pour lors que ces fers & que ces feintes
    chaînes
D'vn coupable ennemy redoublerõt les geines
Que ces fébles liens abandonnans vos mains
Vous feront envier du refte des humains,
Et qu'ils feront changez apres cette victoire
D'inftrumés d'artifice en ceux de vôtre gloire.
De craindre que Nacor me manquat au befoin,
Que dans cette rencontre où ie feray témoin,
Au lieu de s'abbaiffer il fe voulut defendre,
Et qu'il fe releuat quand il faudroit fe rendre,
Ce feroit faire tort à fa fidelité,
Et parler de fupplice, & non pas de bonté.
Bien qu'à recompenfer ie fois prõpt & fincere,
Que dans le chaftiment ie me monftre feuere,
Et que dans tous les deux ie fois touiours égal,
Ie ne veux pas mêler du bien auec du mal.
            NACOR.
Cette apprehenfion, Sire, offenfe mon zele,
Il eft comme mon fang noble, pur & fidele.
Bien qu'à mon des-honneur i'en monftre des
    effects
Vous allez voir par eux s'accôplir vos fouhaits
Et puifque ma defaite eft vn mal neceffaire,

Ie m'en vais triompher d'vn mortel auerfaire,
Qui doit eftre vaincu lors que ie le feray ;
Bref qui fuccombera quand ie trébucheray.
          ABENNER.
Au refte il faut vfer d'vne grande prudence:
Mais demeurons en là , le voicy qui s'auance,
Rappellez vos efprits & vôtre iugement ;
Et fur tout feignés bien.
          NACOR.
            l'inuente vn compliment.

SCENE QVATRIEME.

ABENNER , IOSAPHAT , NACOR ,
ARACHE'S, GERONDE , ACHILE'E
THEVDAS , ZARDAN , BALAC.
          ABENNER.
ENfin vous le voyez cét homme incompa-
          rable ,
Ce genie puiffant, ce Prophete admirable ,
Ce Barlaam fi cher que vous croyés bien loin,
Celuy dont vous deués le retour à mon foin ,
Er que, fi vous l'aymiés autant que fa doctrine
Vous deuriés fouhaiter encore à Calamine.
Ie ne l'ay fait chercher que pour la fouftenir ,
Et s'il la defend bien moy-mefme la tenir.
Ma refolution eft pareille à la vôtre ,
S'il defend bien fa Loy ie n'en fuiuray point
          d'autre ,

Ie quitteray la miéne auſſi bien comme vous,
Tous ceux qui ſont icy ſe ioindront auec nous,
Et toute l'Inde encor imitant noſtre exemple
Au Dieu crucifié ſera dreſſer vn Temple.
Si la Foy qu'il enſeigne eſt vne vraye Foy
Il ne doit point trebler en preſence d'vn Roy,
Il ne doit point auoir de peine à la defendre
Contre nos Chaldéens qui s'en vont l'entre-
        prendre,
Comme la verité ne peut iamais mentir,
Lors qu'on nous l'a moſtrée, il faut y conſetir,
S'il le fait, i'y conſens : mais s'il ne le peut
        faire
Que deués vous penſer ? ou que pouuez vous
        crere
Si müet & confus luy-meſme ſe dédit ?
Vous ſçaués ſur ce point ce que ie vous ay dit.
            IOSAPHAT.
Ouy, Sire, ie le ſçay, ie m'en ſouuiens encore,
Et ce nouueau proiet n'eſt pas ceque i'ignore,
Plaiſe au Ciel ſeulement qu'il produiſe l'effet
Que i'eſpere & qui ſeul me rendra ſatisfait,
Quoy que pour mon regard il ſoit peu neceſ-
        ſaire,
Que ie ſçache tres-bié ce que ie viés de faire,
Et que pour confirmer la bonté de mou choix
Ie n'aye pas beſoin d'vne ſeconde voix.
Peut eſtre toutesfois que la meſme puiſſance
De ceux à qui ie dois ma meilleure naiſſance,
Se voulant ſignaler & ſur vous & ſur moy,

Se feruira de luy pour vous tirer à foy.
Peut-eftre qu'auiourd'huy ce Dieu que ie
　　　refpecte
Vous touchera le cœur d'vne ardeur non fuf-
　　　pecte,
Et que fa charité qui preuient nos fouhaits,
Verfera deffus vous tous les biens qu'il m'a
　　　faits.
Peut-eftre........

ABENNER.
C'eft affés,ce difcours m'importune,

NACOR.
Seigneur ie fuis enfin joint à vôtre fortune;
Quoy que par vôtre auis ie me fuffe échapé
De plus legers que moy m'ont bien‑toft at-
　　　trapé;
I'eftois dãs vn vaiffeau tout preft à faire voile
Couuert en matelot d'vne groffiere toile
Qui cachant ces habits que l'on eut reconnu
Me fit pour quelque temps demeurer incõnu.
Mais Balac que voicy voyant qne mon vifage
Ne s'accordoit pas bien auec cét equipage,
Et que i'eftois contraint dedans ce veftement
Crut qu'il ne me feruoit qu'à mõ déguifemẽt.
Ma difgrace fuiuit de bien prés fa creance.
Il s'approche de moy,ie recule, il s'auance,
Et remarquant ma peur dans mes yeux égarés
Il arrefte fur moy les fiens plus affeurez,
Enfin i'eftois fi bien depeint en fon idée
Qu'apperceuant encor mon ame intimidée

s'adref-
fant à
Iofaphat

　　　　　　　　　De

De voir si prés de moy des gens de la façon
Il commence aussi-tost d'éclaircir son soupço.
Ayant tout découuert & me chargeant d'in-
                iures,
De traistre, d'imposteur, du plus grand des
                pariures,
Il me charge de fers, & de la part du Roy
Me fait suiure vn soldat qui marchoit deuat moy
Luy s'en venoit apres, & l'on m'a de la sorte
Conduit iusqu'au Palais où l'on tenoit main-
                forte.
I'ay sçeu tout aussi-tost la resolution
Qu'on a de s'éclaircir de ma Religion,
Vous m'y verrés, Seigneur, trauailler auec
                ioye,
Vous sçaurés les faueurs que le Ciel nous
                enuoye
Quand il est question de defendre vne Foy
Qui nous apréd à viure & mourir sous sa Loy,
                ABENNER.
Sa memoire est heureuse!
                ARACHES.
                Et nos craintes sauuées.
                IOSAPHAT.
Tu meriterois bien ces peines controuuées,
Et de plus grands tourmens que l'on n'en eut *tout bas.*
                choisi
Pour mon cher Barlaam si l'on s'en fut saisi.
Ie connois par ta crainte & ton peu de con-
                stance

                                M

Que tu n'es pas celuy dont ie cheris l'absence,
Puisqu'elle le dérobbe à de cruels bourreaux
Qui forgeroient pour luy des supplices nou-
        ueaux.
Ie dois estre raui d'vn retour si prospere,
S'il en n'aist toutesfois le succez que i'espere,
S'il produit vn effet conforme à mes desirs,
Et s'il cause ma ioye & non mes déplaisirs.
Aussi pour m'exprimer & pour vôtre auátage,
Escoute Barlaam, arme toy de courage,
Ne crains point de tomber sous vn coup inhu-
        main.
Si tu prends de ton Dieu la defense en la main
Si tu prends sa querelle il t'aydera sans doute,
Il n'est rié icy bas qu'vn vray Chrestié redoute
L'eau, la flame & le fer sont au dessous de luy,
Pendát que Dieu luy sert de support & d'apuy.
Déja par ce motif la victoire est gagnée;
Va donc defends la foy que tu m'as enseignée,
Afin que ie connoisse auec plus de clarté
De ta Religion l'entiere verité;
Afin que ie l'embrasse auec plus d'asseurance
Apres l'heureux succez de cette conference.
Mais si par ignorance, ou bien par lâcheté
Tu viens à condamner ta foy de faussete,
Et pour quelque respect dont on t'ayt pû sur-
        prendre
Tu trahis le party que tu deurois defendre;
Ie t'apprends en deux mots que ton supplice
        est prest,
        . . . . . . noncé ton arrest,

Que ta mort eſt prochaine, & que i'iray moy-
     méme
Augmenter tes tourmens dans ma fureur ex-
     treme,
Pour auoir ſuborné d'vn art malicieux
Le fils du plus grand Roy qui ſoit deſſous les
     Cieux.
Prens garde, & fais ſi bien que ce malheur
     n'arriue;
Autrement ſi ie vois que ta defaite ſuiue,   *à l'orei-*
I'iray dãs mõ courroux te poignarder le cœur.   *le de N-*
               ABENNER.   *cor.*
Craignez auſſi le mien ſi vous eſtes vainqueur.
Allons, on nous attend.

✳✳✳✳✳ ✳✳✳✳✳✳✳✳ ✳✳✳✳✳✳✳✳ ✳✳✳✳✳✳

SCENE CINQVIEME.

NACOR.

Qvel éclat de tonnerre,   *Nacor*
Quel ſoudain tourbillon, quel tremblement   *ſeul à*
     de terre,   *l'vn de*
Rempliſſent les eſprits de plus d'étonnement,   *bouts*
Que ce coup ſurprenant me cauſe de tourmẽt?   *sheatre*
Dãs ce fâcheux détour ie m'ignore moy méme   *croyant*
Ie ſuis de tous coſtez dans vne peine extreme,   *n'eſtre*
Soit que ie ſois vainqueur, ou que ie ſois vaincu *veu de*
I'auray pour l'vn des deux trop longuement   *perſonne*
     vécu.   *& Ger-*
                                                  de &
                                                  Achilée
                                                  à l'autre
                                                  qui l'e-

La cholere d'vn fils, ou la fureur d'vn pere
Est de mon action le malheureux salaire,
Mais il faut obeir. Sera-ce à Iosaphat ?
Ouy, mon cœur me le dit, Courons donc au
    combat ;
De deux partis diuers il faut laisser le pire,
C'est le Ciel qui le veut, faisons ce qu'il
    m'inspire.

SCENE SIXIEME.

ACHILE'E, GERONDE.
ACHILE'E.

AVez vous remarqué dedans son action
Les etranges effets de son émotion,
Il veut trahir le Roy: mais nous trahir enseble,
Et pour nous & pour luy de tous costez ie
    tremble.   GERONDE.
Ne crains point Achilée, & dis plûtot qu'il suit
Vn secret mouuemét qui le pousse & l'instruit,
Qu'vn souuerain pouuoir d'vne vertu cachée
Produit les sentimés dont son ame est touchée
Et que le méme Dieu qu'il alloit offenser
A preuenu sa faute & la fait rebrousser.
Dis plûtost que surpris de ce beau stratageme
Il s'est veu tout confus & tout hors de soy-
    méme,
Et que iugeant par là de son noir attentat

II

Il oublie Abenner pour suiure Iosaphat.
Pour moy ie te diray librement ma pensée,
Ce discours m'a surprise autãt qu'il ma blessee
Et voyant dans mon frere vn courage si grand
Ie croy qu'il a le Ciel pour aide & pour garãd,
Que la foy qu'il embrasse est vne foy diuine,
Et que la nôtre part d'vne fausse doctrine.
Et toy qu'en penses-tu? dis le moy frãchemẽt.
        ACHILE'E.
Quoy Madame, auez vous vñ pareil sentimẽt,
Vous laissez vous aller à si peu d'apparence,
Et ne sçauez vous pas ce que peut l'ignorãce?
Elle a perdu le Prince, à qui depuis le iour
Que de si tristes murs luy seruent de seiour,
On a toûjours caché les arts & les sciences,
De peur qu'il ne s'aquit de fausses cónoissãces
Et que trop curieux il voulut s'enquerir
D'vne Loy qui l'eust fait encor plûtost perir;
Pour vous dont la sagesse est autant admirable
Que la grande beauté vous rend incóparable,
Vous sçauez mieux que luy celle qu'il faut
    tenir.   GERONDE.
Vous me raillez toûjours.
        ACHILE'E.
        Voicy quelqu'vn venir.

        N

SCENE SEPTIEME.

GERONDE, ACHILE'E, THEVDAS.

GERONDE.

HE bien apportez-vous quelques bonnes
      nouuelles?

THEVDAS.

Tres-mauuaifes, Madame.

ACHILE'E.

O Dieux!

THEVDAS.

Mais tres fideles,
Nacor peu defireux de la gloire des fiens
A fi bien foûtenu le party des Chreftiens,
Qu'au lieu de fuccomber & de fe mal defédre
Les Chaldeéns vaincus viénét tous de fe rédre.
Le Prince tout ioyeux les emmene auec luy:
Et le Roy continue à plaindre fon ennuy:
Mais le voicy qui vient tout ardét de cholere.

ACHILE'E.

Madame au nom des Dieux gardez de luy
      deplaire.

SCENE HVITIEME.

ABENNER, ARACHE'S, ZARDAN,
THEVDAS, GERONDE,
ACHILE'E, BALAC.
ARACHE'S.

Sire......

ABENNER.

N'en parlez plus, ie luy feray sentir
De cette trahison vn soudain repentir,
Tous ceux qu'il a vaincus, & qui sont ses com-
    plices
Souffriront auec luy les plus cruels supplices
Que pourront sur leurs corps exercer les
    Bourreaux
Qui forgerõt pour eux des suplices noupeaux.
Ie serois indulgent dedans toute autre chose,
Quand il s'agit du Ciel il faut prédre sa cause,
Mais auec tant d'ardeur & tant de passion
Que nous deuons tout mettre en execution.
I'y donneray bon ordre, & m'a iuste vengeãce
Effacera bien-tost cette maudite engeance,
Et sans considerer ny mon fils, ny son rang
Ie n'épargneray pas iusqu'à mon propre sang.

GERONDE.

Ce dernier vous doit être vn objet de tédresse
Sire, s'il a peché ce n'est que par feblesse.

N 2

ABENNER.

Vous l'excusez encor; non, non son châtiment
Amoindrira sa faute & mon ressentiment;
Et sçachez pour finir ce discours qui m'offence
Qu'on se rend criminel à prendre sa defence.
Et vous dont les efforts ont été superflus,
Vos côseils m'ont perdu, ie ne les croiray plus.

THEVDAS.

Sire nous auons bien encor d'autres bisées,
Et nos subtilitez ne sont pas epuisées.
Ie sçay le vray moyen de vaincre Iosaphat,
Ie m'en vais luy liurer vn si rude combat,
Qu'enfin vous vous verrez par vn succez pros-
　　pere
Comme puissant Monarque, aussi tres-heu-
　　reux pere.

ABENNER.

Et qui ressemblera iustement au premier?

THEVDAS.

Non, Sire: mais plûtost qui sera le dernier,
Et dont vous obtiendrez vne entiere victoire
Qui sera vôtre joye autant que vôtre gloire.

ABENNER.

Qu'il soit peu profitable, ou qu'il serue beau-
　　coup,
Vien m'en entretenir; ie veux encore vn coup
Te suiure en ce sentier où tu me veux côduire.
Vous allez cependant tâcher de le reduire.

Fin du troisiéme Acte.

ACTE QVATRIEME.

ABENNER , ARACHE'S , IOSAPHAT
ZARDAN , GERONDE , ACHILE E,
THEVDAS , NACOR , BALAC.
Troupe de soldats.

SCENE PREMIERE.

IOSAPHAT seul.

Vtheur du salut de nos ames
Source de ces diuines flames
Qui viennent d'embraser mó cœur,
Cher obiect de nos esperances,
Digne motif de nos souffrances,
Apres m'auoir vaincu tu m'as rédu vainqueur.
N'attéds plus desormais de ma reconnoissāce
Que de febles ressentimens :
Ie suis trop redeüable à ta haute puissance
Pour esperer de moy d'autres remercimens.

Ta grace animant mon courage
M'a sauué d'vn prochain naufrage
Pour me retirer dans le port :

Ie luy dois ce que i'ay de vie,
Puis qu'elle m'eust esté rauie
Si ie n'eusse senti son aymable support.
Acheue donc Seigneur l'ouurage qui te reste,
Et m'ayant appris à t'aymer.
Accompagne mon bras de ton secours celeste
Pour vaincre l'ennemy qui me veut desarmer

En vain si ta main m'est propice ;
Il emploira son artifice
Pour me destourner de ta loy :
Pourueu que tu sois mon azile
Ie rendray son coup inutile,
Et luy mesme viendra s'abaisser deuant toy.
Il n'est rien icy bas que ton pouuoir n'abatte,
Et si tu me le veux prester ;
Quoy que tout l'vniuers ensemble me cóbatte
i'étoufferay sa rage & i'iray l'arrester.

Au defaut de quelque science
Qui nous donne la connoissance
De ce qui se fait icy bas :
Tu m'as esclairé de la tienne,
Et mon ame vrayment Chrestienne
S'est laissée emporter à ses diuins appas.
Aussi ie ne perdray des lumieres si belles
Qu'en descendant dans le tombeau :
Mais ie me suis trópé : i'en auray de nouuelles
Qui brillerót la haut d'vn éclat bié plus beau.

SCENE SECONDE.

NACOR, ZARDAN, IOSAPHAT,
NACOR.

VOyés à vos genoux voftre perfecuteur :
Mais de voftre triomphe vn veritable au-
   theur,
Et qui ne l'euft iamais efté de voftre gloire,
S'il n'euft execute cette malice noire,
Si du vray Barlaam il n'euft reprefenté
La parole & le gefte auec dexterité,
Et qui n'euft pas manqué de vieillir dans fon
   crime
S'il ne fe fut taché d'vn acte illegitime,
Ainfi d'vne action pleine de trahifon
S'annoblit autresfois vne illuftre maifon,
Souuent de bons effects ont de mauuaifes
   caufes,
Du milieu des buiffons fortent de belles rofes,
Et l'on void la vertu par mille beaux fuccez
Naiftre de fon defaut comme de fon excez :
Maintenãt que le Ciel m'a fait la même grace
Que vous aués fentie, & que mon cœur em-
   braffe.
Ie voudrois auec vous fouffrir la mort pour lui
Et qu'õ en pronõçaft l'Arreft dés auiourd'hui.
ZARDAN.
Moy ie n'en dis pas moins qui fuis le plus
   coupable,

Et d'vne trahison me suis monstré capable.
IOSAPHAT.
Merueilleux chengements! admirables effects!
De tes bontez Seigneur de veritables traits,
Er qui marquent en eux aussi bien qu'en moy-
    mesme
Les insignes proiets de ton pouuoir extréme.
Ouy, pour vôtre pardon il est tout asseuré,
Vous iouyssez en luy d'vn bien inesperé,
Et vôtre repentir effaçant vôtre offence
Contre vos sentimens parle en vôtre defence,
Vous deuiés vous promettre vn accueil bien
    heureux
D'vn cœur tel que le mien & franc & gene-
    reux.
La satisfaction que vous me pouuuez rendre,
Pour m'auoir attaqué, c'est de vous bien de-
    fendre,
Et de ne craindre point les prisons ny la mort
Si pour vous ébranler on vient à cét effort.
NACOR.
Nous vous le promettons, & parmy les sup-
    plices
Nous esperons trouuer nos plus cheres deli-
ces.   IOSAPHAT.
Mais que veulent ces gens?

SCENE

SCENE TROISIEME.

THEVDAS, BALAC, & quelques Soldats.
IOASPHAT, NACOR, ZARDAN.
THEVDAS.

Soldats saisissez-les,
Qu'on les aille enfermer dãs la tour du Palais.
IOSAPHAT.
Quoy vous osez cõmettre vne telle insolence?
Qui vous eut soupçonné de cette violence,
Theudas? & qui vous mene? en voulez vous à
	moy?
Parlez, d'ou cette audace? est-ce vous, ou le
	Roy
Qui venez nous surprendre auecques cette
	bande? THEVDAS.
Non, Seigneur, ie ne fais que ce qu'on me
	commande,
Et pour vous deliurer de peinē & de soucy.
	C'est de la part du Roy.
		IOSAPHAT.
		Comment Zardan aussi?
			THEVDAS.
Et Nacor & Zardan.
		IOSAPHAT.
			Pour Zardan ie m'étonne,
Et ne puis deuiner dequoy l'on le soupçonne.
				O

THEVDAS.

Ie n'en ay rien apris, sinon qu'on en conçoit
Quelque trame secrette.

IOSAPHAT.

                    Hé bien ! quoy qu'il en soit,
Allés chers compagnons de ma gloire passée
Dont iamais la grandeur ne doit être effacée,
Premices d'vn beau fruit que le Ciel a produit
Allez dans ces beaux lieux où la mort vous
            conduit :
Mais que dis-ie ; plûtost , ou l'amour vous
            inspire
D'aller viure tous deux soûs vn plus doux
            empire.
Ie verray d'icy bas vôtre felicité ;
Ie vous verray tous deux brillans de maiesté ;
Ie n'enuieray point vôtre bonheur extreme ,
Ie le regarderay d'vn œil toûjours de méme;
Et ie seray raui qu'aprez m'auoir aidé.
D'as cet heureux seiour vous m'ayez precedé.

NACOR.

Nos sentimens, Seigneur, sont semblables au)
            vôtres.   **ZARDAN.**

Nous conuenons tres bien ; vos souhaits son
            les nôtres.   **IOSAPHAT.**

Si le Roy n'a dessein que de vous épreuuer,
Ainsi que ie le croy , venez me retrouuer.

THEVDAS.

On nous a commandé d'vser de diligence,
Et le Roy nous attend auec impatience.

Allez dõc, & sur tout defendez bien vos droits
Ie veux vous embrasser pour la derniere fois.

SCENE QVATRIEME.

IOSAPHAT seul.

ILs s'en vont, ie ne bouge, ils partent, ie de-
      meure ;
Leur téps est auancé, ie ne sens point mõ heure
Me faut-il soustenir encor d'autres combats ?
Mais desia i'en vois vn, ne l'éuitons donc pas.
La terreur n'a rien pû, voicy la flaterie,
Et le commencement d'vne autre batterie.
O Ciel qui m'as toûjours regardé de là haut,
Ne m'abandonne point dans vn si rude assaut.

SCENE CINQVIEME.

GERONDE, IOSAPHAT.
GERONDE.

IE vous treuue tonsiours émeu de quelqu
      chose
Mon frere & ie ne puis en deuiner la cause,
Puis-ie sans vous déplaire en sçauoir le sujet

IOSAPHAT.
Ie rendray la-deſſus vôtre eſprit ſatisfait ;
C'eſt qu'eſtant éclairé d'vne celeſte flame
I'ay regret qu'elle n'ait auſſi touché vôtre ame
Et qu'en ayant receû tant de riches faueurs
Vous n'ayés point ſenti de pareilles ferueurs.
Ce n'eſt pas qne d'vn Roy le traitemét ſeuere,
Qui d'vn pere irrité la haine & la colere
Esbrañlent mon courage & forçent ma vertu,
C'eſt vn fèble ennemy qu'ils ót préque abatu.
Rien ne me touche plus que ce malheur ex-
      tréme,
De voir dans ſon erreur viure vn autre moy-
      méme.
Vne ſœur, que me rend vn obiect de pitié
Dans ſon aueuglement la parfaite amitié
            GERONDE.
C'eſt par elle pourtant que ie veux entre-
      prendre
Vn genereux deſſein qui va bien vous ſur-
      prendre.
Ie viens exprés icy pour vous encourager,
Et de voſtre coſté moy-méme me ranger.
Bien que contre l'eſpoir de uous & de mó pere
Le vain ſoupçon de l'vn, de l'autre la colere
Ne pourront m'empeſcher de répondre aux
      bien-faits
Que i'ay receû de vous & que le Ciel m'a faits
Ie puis dire de vous, puiſque ma reſiſtance
S'eſt defenduë en vain contre voſtre cônſtáce;
                              Vos

Vos difcours mont touchée, & mon cœur ef-
     branlé
S'eft auffi-toft rendu que vous auez parlé.
Vn puiffant mouuement occupant ma penfée
A produit cette ardeur dont ie me fens bleffée,
Et ce noble defir apres de longs combats
D'imiter vôtre exemple, & de fuiure vos pas.

               IOSAPHAT.
Si ce difcours eft vray, chere Sœur ie l'auoüe,
Le Roy peut vous blâmer : mais pour moy ie
     vous loüe,
Le Roy peut ignorer ce que vous connoiffez,
Moy ie n'ignore pas ce que vous embraffez;
Vôtre choix deuant luy peut paffer pour vn
     crime,
Moy ie l'eftime heureux autant que legitime;
Et ce m'eft vn fuiet de confolation
Que nous ayons tous deux mefme Religion.
Ce n'eftoit pas affez que la feule nature
Produifit en nos cœurs vne amitié fi pure,
Ce n'étoit pas affés d'être unis par le fang,
De nous voir éleuez en vn fi noble rang,
Et d'être defcendus de tant d'illuftres Princes
Qu'on a veu fi long-temps regner fur ces Pro-
     uinces;
Il falloit que le Ciel pour comble de ces biens
Nous ioignit derechef par de plus forts liens,
Et que de fes rayons, apres tant d'auantages
Il vint de nôtre erreur diffiper les nüages.
Il l'a fait; & nos yeux diuinement frapés,
                              P   E

Nous font voir maintenant que nous estions
	trompez.
En vain pour me cacher ces brillâtes lumieres
On m'a tenu captif des années entieres,
En vain pour empécher l'effet de ma raison
On à creu l'enfermer me mettant en prison,
Et l'on s'est efforcé d'ébranler ma constance
Par ces murs vrais témoins de ma perseuerâce.
La grace qui m'anime a de puissans attraits,
Elle touche de loin aussi bien que de prés,
Et passant les effets qu'elle produit sans nôbre
Elle sçait penetrer la prison la plus sombre.
Aussi i'écouteray les menaces du Roy
D'vn visage asseuré......
		GERONDE.
		Mais bon Dieu ie le voy,
Fuyés, le temps le veut, & ie vous en coniure.
		IOSAPHAT.
Me tenir ce discours, c'est me faire vn'iniure,
Ma sœur, ie ne crains point, ie suis trop affermi
Pour redouter le choc d'vn si féble ennemy.
Ie vais à sa rencontre,
		GERONDE.
		Euités sa cholere.
		IOSAPHAT.
Vous me priez en vain, ie ne crains rien.
		GERONDE.
			Mon frere!
		IOSAPHAT.
Bien ie veux vous môtter en vous satisfaisant
Si ie suis genereux que ie suis complaisant.

SCENE SIXIEME.

ABENNER, ARACHES, GERONDE,
THEVDAS, BALAC.
ABENNER.

Q V'aués vous obtenu de cét opiniâtre?
Persiste il encor, veut il toûjours cōbatre?
Et qu'auez vous enfin gagné sur son esprit?
GERONDE.

Tout ce que i'ay voulu, Sire, il est tout contrit,
Le iuste repentir qu'il conçoit de son crime
En rend en mesme temps le pardon legitime,
Et moy voyant l'excés de son ressentiment
I'ay reconnu ma faute & mon aueuglement.
ABENNER.

Que me racótez vous & quelle est cette faute
Et cét aueuglement que son repentir oste?
Parlez vous par Ænigme, ou bien ouuertemé?
Parlez, parlez Geronde, & sans déguisement.
GERONDE.

Bien, Sire, & ce sera pour vous faire parétre
Si mon frere est Chrestien, que ie veux aussi
l'estre;
Le crime qu'il a fait, & dont il se repend,
C'est l'erreur qu'il suiuoit dont tout malheur
depend.
Le Ciel l'auoit instruit pour m'instruire de
mesme.

Nous releuós tous deux de só pouuoir supreme,
Bref la Foy des Chrestiés est celle que ie suis.
　　　ABENNER.
Quoy vous estes Chrestienne?
　　　GERONDE.
　　　　　　　　Ouy, Sire, ie le suis,
Cóme ie le cófesse & sans honte & sãs cra nte,
Ie n'apprehende point vne iniuste contrainte:
Mon frere s'en venoit pour vous en dire autãt,
Et pour vous témoigner qu'il est touiours con-
　　　stant.
Ie l'en ay diuerty pour partager sa gloire,
Et cueillir auec luy les fruicts de sa victoire;
Ie l'en ay détourné pour m'exposer aux coups
Qu'alloit porter sur luy vôtre aueugle cour-
　　　roux,
Et ne m'étonnant point d'vne voix rigoureuse
I'ay voulu comme luy paretre genereuse.
　　　ABENNER.
O malheur sur malheur! ô Ciel trop inhumain!
Pourquoy m'accables-tu de ta pesante main?
Pourquoy sans auertir causer tãt de disgraces?
Tes coups trop rigoureux precedent tes me-
　　　naces,
Tu frapes rudement, & sans temerité
Ie crois que tu te plais dans la seuerite;
Et vous qui me tenez cét insolent langage,
Pensez vous au malheur ou l'erreur vous en-
　　　gage?
Y pensez-vous Geronde, & credule à ce point

Vous croyez vôtre frere, & ne me croyez point
Au lieu de trauailler à sa reconnoissance,
Vous voulez l'imiter dedans son ignorance?
Vous pechez par exemple? & parce qu'il fait
     mal
Vous commettez vn crime à luy-même fatal?
C'étoit assez pour luy de pecher pour soy-
     même
Sans ajoûter encor à son offence extreme.
Celle de dérober en abusant sa sœur
Vn thresor dont le Ciel doit être possesseur.
Apres s'être soustrait de son obeissance,
Falloit-il vous surprédre & trahir l'innocéce?
N'étoit-il pas content de s'être fouruoyé,
Sans vous faire quitter vn beau chemin frayé?
N'étoit-ce pas assez d'accabler ma vieillesse
Par son aueuglement marque de sa feblesse,
Sans vous persuader de vous ioindre auec luy,
Pour me combler enfin de tristesse & d'ennuy,
Quittez, quittez Geronde vn si hideux seruage
Oubliez vôtre erreur, & si vous estes sage
Faites vostre profit de cette instruction.
Quoy vous ne dites mot? parlés sans fiction,
Respondez, & sur tout gardés de me déplaire.
La bonté méprisée excite la colere.
          GERONDE.
Quatre mots seulemét ferôt tout mô discours
Sire, ie suis Chrestienne & le seray tousiours.
          ABENNER.
O Ciel! qui l'eut pensé? c'est dôc la fille ingrate

Le prix de mon attente , & l'heur dont ie me
    flate ?
Vous méprisés ainsi mon auertissement ,
Vous prenés du plaisir à causer mon tourment ,
Et vous n'obeyssés que lors que bō vous séble
Mais ie sçay le moyē de vous punir ensemble ,
Puisque ie ne puis rien gaigner par la douceur,
Ie sçauray bien ranger & le frere & la sœur.
Esloignés-vous d'icy, cachés à ma presence
Vn objet odieux qui la choque & l'offence.
                ARACHES.
Que ce coup impreueu, funeste & malheureux
Causera d'amertume à mon cœur amoureux !
Ouuriray-ie la bouche, ou biē me dois-ie taire
Prendray-ie sa défence à l'encôtre d'vn pere ,
Qui dedans son transport lors que ie parleray
N'écoutera iamais ce que ie luy diray ?
                ABENNER.
Voila de vos proiets des effects sans resource.
Mais n'eussent-ils iamais abādoné leur source
Theudas, & fussent-ils encore à conceuoir !
Cependant on m'oublie à ce qu'on me fait voir.
Où sont mes criminels? ce sont ces ames basses
Qui causent tous nos maux & toutes nos dis-
    graces :
Aussi ie leur prepare vn cruel châtiment.
Qu'on les face venir tous deux separement.
                BALAC.
Sire, ils sont à la porte.

SCENE SEPTIEME.

ABENNER , ARACHES , THEVDAS,
NACOR , BALAC.
ABENNER.

Approchés vous bon-homme
Qu'à bon droit chaque iour la vieillesse con-
    somme,
Et qui n'a pour mon mal que trop long-temps
    vécu :
Vôtre cœur void son crime, il en est conuaincu.
Vous m'auez sceu trahir, vous m'auez sceu
    surprendre,
Voyós si vous sçaurez aussi bien vous defédre.
Ie vous opposeray des ennemis sans cœur,
Sans ame, sans raison, sans force & sans vigueur
Qui sans l'aide d'autruy ne peuuent rien d'eux
    mémes ;
Mais qui dans leur féblesse ont des rigueurs
    extremes.
Ces ennemis serout des horribles coûteaux
Et des glaiues tranchans dans les mains des
    Bourreaux,
Des cordes, des foüets, des tortures, des geines
Des barres , des marteaux, des pointes & des
    chaines,
Des roües, des gibets, du feu , de l'eau du fer,

Des clous, & plus encor si ie pouuois l'enfer.
Tous ces maux assemblez n'egalent pas ton
　　crime;
Ostez de deuant moy cette impure victime,
Soldats depéchez-vous.

　　　　　　NACOR.
　　　　　　　　　　Ie suis prêt de souffrir
Pour celuy qui pour nous a bien voulu mourir.

　　　　　ABENNER.
Que l'autre auance.

SCENE HVITIEME.

ABENNER, ARACHES, THEVDAS,
　　ZARDAN, BALAC.

　　　　ABENNER.
　　　　　　　Hé bien de quelle frenesie
Et de quelle fureur est vôtre ame saisie ?
Qui vous eut soupçóné d'vn si lasche attentat,
Qui vous eut soupçonné d'en vouloir à l'Estat
Zardan; & qui l'eut creu, que cette maladie
Eut gagné vôtre esprit par vne perfidie ;
I'auois donc fait le choix d'vn homme sans
　　honneur
Pour étre de mon fils le sage gouuerneur :
Ie vous auois commis à sa garde fidele
Pour me manquer ainsi de ferueur & de zele :
Vous m'auez auerty comme on l'auoit surpris.

Pour prendre en même temps le party qu'il a
    pris;
Et découurât son mal d'vne bouche hypocrite
Loin de l'en detourner, elle l'en sollicite;
Vous ne pouuez nier que vous vous entendez,
Et c'est pour ce suiet que vous m'apprehédez,
Que vo' tâchez toûiours d'éuiter ma preséce.
Parlez, vôtre silence aggraue vôtre offence;
Confessez franchement toute la verité,
C'est d'où depend l'espoir de vôtre liberté.

ZARDAN.

Euitons pour ce coup son extreme furie,
Iosaphat le demande, & peut estre m'en prie.
Nô, Sire, c'est plutost quelque esprit enuieux
Moins fidelle que moy, mais plus malicieux,
Qui voyant mô bôheur d'vn œil rêpli d'enuie
En veut à mô honneur aussi bien qu'à ma vie.
Presqu'en toutes les cours s'engêdre ce poisô,
On void presque partout, & fraude & trahisô,
Nous n'auons point de bien qui ne nous soit
    vn piege,
Et que de tous costés chacun ne nous assiege:
Qu'vn homme viue bien tout le môde le hait,
Et sans aller plus loin vôtre maiesté sçait
Qu'en quelque extremité qu'vne ame soit
    rangée
Sa vertu parêt mieux quand elle est outragée.

ABENNER.

Vous vous imaginez par ce discours charmant
Euiter ma iustice & vôtre chastiment?

Q

Ie suis las d'écouter tant de vaines paroles,
Et ne me repais point de ces raisons friuoles,
Zardan, répondez-moy mais d'vn autre façon,
Au moins si vous voulez effacer mon soubçon.

ZARDAN.

Dieu!que diray-ie plus?ie frissonne, ie tréble.

ABENNER.

Que faites-vous tous deux quand vous estes
        ensemble?
Quels propos tenés-vous, que dites-vous du
    Roy?
Ne le mélés-vous point dás ceux de vôtre foy?
Quels conseils prenés-vous sur le suiet des
    Princes?
Et que remués-vous sur celuy des Prouinces?
Parlés, c'est là le crime, & l'iniuste dessein,
Que cóme tout deuôt vous portés dás le sein.

ZARDAN.

Sire,pour ce suiet c'est à tort qu'on m'accuse.

ABENNER.

Le tout est aueré,ie ne veux point d'excuse;
Confessés seulement que vous aués commis,
Et qu'à peine oseroient mes plus grands, en-
    nemis. ZARDAN.
Mais, Sire, écore vn coup,permettez que ie die
Que nous sómes tous deux exépts de perfidie
Sire, & que c'est vn trait de quelques mal-
    veillans.

ABENNER.

Non,non ie tiens sur vous des yeux toûjours
    veillans;

Celuy qui m'en a fait un raport tres-fidelle
Est au dessus du blame, & pour moy plein de
zele,
Il estoit prés de vous quand vous n'y pensiés
pas,
Il a même entendu conclurre mon trépas,
Et la trame que ceux qui coniuroient ma perte
N'ont pû si bien cacher qu'on ne l'ait découuerte
Mais i'empescheray bien ces tragiques effets,
Et nous serons bié-tost vous & moy satisfaits.

ZARDAN.

Ha, Sire, permettez que ce traistre paroisse,
Souffrés que ie le voye & que ie le connoisse,
Il n'osera jamais soustenir deuant moy
Que i'en veille à l'état, ou que i'en veille au
Roy.

ABENNER.

Ha ie ne suis que trop instruit de vôtre haine:
Cependant qu'on le garde en la chambre pro-
chaine,
Emmenés lé soldats, & qu'on l'ôte d'icy,
O Ciel quant finiront ma peine & mon soucy!

SCENE NEVFVIEME.

ABENNER, ARACHE'S, THEVDAS'
BALAC, VN GARDE.
LE GARDE.

NA cor est expiré, Sire, il n'est plus au mōde
Sa constance a paru tres-rare & sans se-
conde,
Il a souffert la mort tres courageusement.
ABENNER.

Le pis est qu'il est mort dans son aueuglement:
Mais qui fait peu de cas de ce qu'vn Roy com-
mande,
Merite bien encor vne peine plus grande.
Qu'on ne me parle plus de cét homme odieux
Dont le seul souuenir ne peut qu'estre ennu-
yeux.
Vous autres voulés-vous en faire aussi de
mesme?
M'abandonerez-vous dans ce malheur extreme
Ou plûtost à dessein d'en arrester le cours,
Ioindrés-vous à mes soins un fidelle secours,
Arachés vostre amour cedant à la iustice
Semble exiger de vous cét important seruice.
Theudas vôtre parolle est engagée aussi,
C'est á vous maintenant de m'ayder en cecy.
ARACHE'S.

O Dieu que i'ay de peine! & que dedans mon
ame   Ie

Ie sens vn dur combat de respect & de flame!
Vous pouués tout sur moy, Sire, mais c'est à
    tort
Que vous blamés Geróde, ell a fait son effort
Pour couertir le Prince & témoigner son zele.
        ABENNER.
Ne la defendés point, elle est trop criminelle.
Ie veux qu'elle l'ait fait: mais deuoit elle apres
Se laisser accabler sous de si febles traits;
Prendre vne foy nouuelle, & deuenir Chre-
        stienne;
Falloit-il pour cela qu'elle quitat la sienne;
Non, non: elle est coupable, & ie la puniray,
Vous faites seulement ce que ie vous diray;
Et n'entreprenez plus de defendre son crime,
Puis qu'elle l'a commis sa peine est legitime.
        THEVDAS.
Sire vous connoistrez mon ardeur & mon soin
Par vne inuention don vous serez témoin,
Elle reüssira sans doute à vôtre ioye;
Et c'est asseuremét le Ciel qui vous l'enuoye.
        ABENNER.
Celle dont vous m'auez tantost entretenu;
        THEVDAS.
Rien moins : c'est vn dessein qui vous est in-
connu.   ABENNER.
Aussi ie la treuuois fort peu considerable.
        THEVDAS.
L'autre vous paroistra d'autat plus admirable,
Et vous pourrez iuger par son commencement
        R

De son heureuse fin.
####### ABENNER.
Parle donc promptement.
####### THEVDAS.
Sire, s'il vous souuient de vos ieunes années,
Vous sçauez que l'amour braue les destinées,
Qu'il sçait tout surmonter, qu'il n'est rien de
         si fort,
Iusques là qu'il peut vaincre & l'enfer & la
         mort.
Qui pourroit resister aux appas d'vne femme?
Vn seul de ses regards peut embraser vn'ame,
Vne œillade, vn souris, & des traits languissans
Sont pour les ieunes gens des charmes bien
         puissans;
Il leur est mal-aisé de s'en pouuoir défendre,
Et les plus resolus sont côtraints de se rendre.
Vn Prince que l'on mit autrefois en prison
Auant qu'il eut atteint l'vsage de raison,
Comme il en fut sorty dans la fleur de son âge,
Et qu'il vint au Palais pour receuoir l'hômage
Des Seigneurs de sa Cour & des Dames aussi
A ce diuin abord il eut le cœur transi.
Il s'enquiert aussi-tost du nom de ces Deesses,
On luy dit à dessein que c'estoient des dia-
         blesses.
Le Roy le tire à part, & luy demande vn iour,
Ce qu'il auoit treuué de charmant à la Cour.
Les Diablesses, dit-il, dôt la grace est extreme,
Vn chacun ie m'asseure en pese bien de méme;

Et sans plus se flater d'vn cœur toûiours côstât
Ie crois que Iosaphat en diroit bien autant.
Suiuant donc le conseil que ma bouche vous
        donne,
Sire, il faut ordonner au tour de sa personne
Au lieu de seruiteurs de parfaites beautez
Qui luy tiénent toûiours des discours affetés,
Qui luy parlent d'amour, & dont le seul office
Soit à chaque moment de luy rendre seruice.
Lors vous aurez de luy tout ce que vous vou-
        drez,
Il reprédra sa Foy, puis vous l'y maintiendrez.
Vous auez à propos vne illustre Princesse
Dont le gentil esprit & la grande noblesse
Pourront executer cét important dessein :
Puis qu'elle est par vôtre ordre en ce Palais
        prochain
Sire, vous la pouuez mander en diligence.
Voila l'inuention & l'avis d'importance
Que ie voulois donner à vôtre maiesté.
Pour vn gage certain de ma fidelité,
        ARACHE'S.
M'en pûsses tu dóner autât pour ma Prrincesse   *A part*
Ie te deurois la vie, & te loüerois sans cesse.   *Ioy*
        ABENNER.
I'en suis tres-satisfait, ils me contentent fort ,
Allons donc mes amis faire vn dernier effort :
Tentons encore vn coup cette seconde voye ,
Peut étre dans nos maux que le Ciél nous
        l'enuoye.
        Fin du quatriéme Acte.

ACTE CINQVIEME.

ABENNER, ARACHE'S, THEVDAS,
EMADVLE, IOSAPHAT, ZARDAN,
GERONDE, ACHILE'E, BALAC.

SCENE PREMIERE.

ABENNER, ARACHE'S, THEVDAS,
EMADVLE, ACHILEE, BALAC.

ABENNER.

ENfin nous efperons de vos rares
beautez
Tout l'accompliffement de nos feli-
citez,
Vos attraits plus puiffãs que toutnôtre artifice
Se feront adorer auec plus de iuftice,
Vos yeux remporterôt auecques leur douceur
Ce que nous n'auons pû gagner par la rigueur,
Et vos charmans appas vainqueurs des belles
ames.
Dans vn cœur plein de glace engendreront
des flames.
Le Ciel plus preuoyant qu'il ne m'eft rigou-
reux

Me donne en vous Madame vn support bien-
          heureux,
Il a deſſous mes loix ſoûmis vôtre Prouince
Pour le bonheur d'vn Roy, pour le ſalut d'vn
     Prince,
Qui ſe reuangerót tous deux en méme-temps
Par leurs communs bienfaits de vos ſoins im-
          portans:
Si vous nous les rendez apres cette conqueſte
Ioſaphat eſt le prix que ma main vous apreſte.
          EMADVLE.
Sire, bien que mon pere autrefois tres puiſlant
M'oblige à deplorer la perte qu'il reſſent,
Et que de tous coſtés ſa grandeur aſléblie
M'aprenne que la vôtre en eſt mieux établie;
Vôtre bonté m'a fait vn traitement ſi dous
Qu'elle m'oblige auſi de m'éployer pour vo͞,
Et de remedier autant qu'il m'eſt poſſible
A la perte d'vn fils qui vous eſt ſi ſensible.
Ce n'eſt pas que i'eſpere adoucir ſa rigueur
Ny qu'vn peu de beauté puiſſe amollir ſon
          cœur:
Côme ie ſuis de force & d'attraits depourueuë
Mes yeux par leurs regards ne bleſſent point
          la veuë,
Et tout l'eſpoir que i'ay de pouuoir l'emporter
Part de l'affection dont ie m'y vais porter.
          ABENNER.
I'admire en ce diſcours remply de modeſtie
Le trait ingenicux de vôtre repartie.

Cette confession de vôtre humilité
Témoigne vôtre esprit comme vôtre beauté,
Qui sçait assez qu'afin que la vertu paraisse
Malgré ses sentimens il faut que l'on l'abaisse.
Mais ces beaux yeux, Madame, où repose l'amour
Au defaut du Soleil pourroiét donner le iour,
Et comme on ne se peut cacher de sa lumiere
Tandis qu'il se promene en sa vaste carriere :
Nul aussi ne pourroit éuiter la clarté
De ces astres iumeaux brillans de maiesté,
Et quoy que Iosaphat paraisse inébranlable :
Son cœur en les voyãt deuiédra plus traitable.
I'ay déja commandé qu'on l'amenat icy.
Il arriue à propos. Que Zardan vienne aussi.

SCENE SECONDE.

ABENNER, ARACHE'S, THEVDAS,
EMADVLE, ACHILE'E, IOSAPHAT.
ZARDAN, BALAC.
ABENNER.

TOûiours de ma bonté vous receuez des marques,
Vous pouuez voir en moy le plus doux des Monarques,
I'eusse pû contre vous agir en souuerain :
Mais ce seul nom de pere a retenu ma main,
Et côbien que le Ciel piqué de vôtre offence

Semblat me cômander de prendre sa défence ;
Ie m'en suis excusé pour n'entreprendre pas
D'auancer par les loix vôtre iuste trépas ,
Ou du moins pour punir vôtre ame criminelle
De faire de ces tours sa prison eternelle.
Vôtre obstination a bien deu m'attrister ,
Vôtre iniuste complot a bien deu m'irriter,
Ma vie entre vous deux si long-temps balâcée
Se deuoit ressentir de se voir menacée
De ceux que la nature oblige à conseruer
Ce qu'ils tâchét de perdre au lieu de le sauuer:
Mais i'ay dissimulé, i'ay bouché les oreilles ,
Il n'est point de tourment pour des fautes pa-
    reilles ,
Et si ie ne leur eusse opposé la donceur
I'aurois perdu dãs vo' l'espoir d'vn successeur.
Ie n'attends desormais de vôtre obeissance,
Que vôtre changemenr. & vôtre repentance,
Et qu'oublianr l'erreur où l'on vous a ietté
Vous preniez le party que vous auez quitté.
        IOSAPHAT.
Sire c'estoit assez pour trahir l'innocence ;
De ioindre l'artifice auecques la puissance ,
Sans m'accuser encor d'vn crime supposé
Qne ie n'eusse iamais creu qu'ô m'eut imposé.
Toutesfois puis qu'en vain comme vne iniuste
    proye
On m'auoit pourfuiuy par l'vne & l'autre voye
Il falloit m'attaquer par vn autre sentier,
Et commettre vn forfait pire que le dernier.

Aussi sous ce pretexte on me dire ma perte
On y veut proceder à force découuerte,
Et publier apres vn si noir attentat
Que si l'on m'a puny c'est par raison d'Estat.
Mais ce qui me console en cette conioncture,
C'est qu'vn Dieu void du Ciel les peines que
　　　i'endure
Le méme qui pour nous endura le trépas,
Et qui vainquit la mort qui talonnoit nos pas,
Aussi n'attendez pas de mon obeïssance
Vn mouuement contraire à cette cônoissance,
On ne se repend point de s'éfre bien pourueu,
On ne change iamais quand on a bien éleu;
Et puis que de mon choix mon salut prend sa
　　　source,
Sire n'esperez pas que i'arreste ma course.

ABENNER.

Quoy vous voulez toûiours demeurer obstiné?
Oubliez vous déia de qui vous estes né,
Et ne sçauez vous pas où s'étend ma puissance,
Bien, bien vous le sçaurez, & si vostre constâce
Peut resister aux coups que ie vais luy porter,
Ie croiray qu'elle est vraye & n'en veux plus
　　　douter,
Déia pour cét effet Zardâ n'est plus des vôtrés
Ie veux qu'auec Typhô il face place à d'autres
Et que perdant l'espoir de les reuoir iamais
Ces deux rares beautez vous seruêt desormais

IOSAPHAT.

Ie ne suis point de sexe à m'y pouuoir attédre

ABENNER.

Et moy ie suis d'humeur à vo'les faire prédre.
Demeurez auec luy, vous autres suiuez moy.
Fais aussi ton pouuoir ie me repose en toy.

SCENE SEPTIEME.

EMADVLE, ACHILE'E, IOSAPHAT.
EMADVLE.

IL faut vser icy de tous nos artifices.
Acceptez vous Seigneur nos tres-humbles
seruices.

IOSAPHAT.

Ouy: mais pour vous prier de ne m'en rendre
point.   EMADVLE.
Quoy, nous en iugez vous indignes à ce point.
IOSAPHAT.
Non : mais ie pourrois bien m'en passer pour
cette heure.
EMAMVLE.
Nous ne pouuós pourtãt quiter vôtre demeure
On nous a commãdé de vous suiure toûjours.
IOSAPHAT.
Suiués: mais pour le moins tréue de tous dis-
cours   EMADVLE.
Ae mo yen de seruir si l'on ne peut s'entendre?
IOSAPHAT.
C'est si vous me croyés de ne pas l'étre prédre?
De suiure mon cóseil, & vous ne pouués mieux

S

EMADVLE.
Mais Seigneur deuers nons tournés vn peu les
    yeux.
          IOSAPHAT,
Que verrois-ie de beau?que verroisie d'ay-
    mable,
Il n'eſt rien icy bas de grand ny d'adorable,
Et toutes les beautés que la terre produit
Prés de celles du Ciel ſont vne ſombre nuit.
          EMADVLE.
Chaque beauté pourtā n'eſt paſſi dépourueuſ
Qu'elle n'ayt le moyen de donner dās la veuë.
          IOSAPHAT.
Rié ne me peut charmer qu'vne grāde beauté.
          EMADVLE.
Mais ſi les noſtres ſont de cette qualité?
          IOSAPHAT.
I'en doute.
          EMADVLE.
       regardés.
          IOSAPHAT
           moy que ie vous regarde?
Ie m'ay point d'utre obiet que celuy qui me
    garde,
Que ce Dieu qui m'apprend à ne rien eſtimer
Que ce qni ſeulemēt peut m'induire à l'aymer
          EMADVLE.
Ce penſer ſeroit bon dans vne autre occurrēce
          IOSAPHAT.
Il le ſera toûjours contre voſtre eſperance.

EMADVLE.
Mais nous étions, Seigneur, sur vn autre sujet,
Nous parlions de l’amour ce rauissant objet.
IOSAPHAT,
Il est vray que l’amour peut beaucoup sur les
    ames:
Mais c’est l’amour diuin, & non l’amour des
    femmes.
EMADVLE.
L’vn & l’autre ôt dequoy côtérer vos souhaits
IOSAPHAT,
Vous en pouués iuger par leurs diuers effets.
EMADVLE.
Si i’âjouſtois enfin, Seigneur, que ie vous ayme
IOSAPHAT.
Ie vous écouterois, & i’en dirois de méme.
EMADVLE
Auſſi i’ay comme vous pour mes ayeuls des
    Roys.   IOSAPHAT.
Ie vous cheris, Madame autant que ie le dois :
Mais c’est d’vne amitié ſi parfaite & ſi pure,
Que ie ne voudrois pas vous voir méme en
    peinture :
Auſſi bié vos vertus qui pourroiét m’émouuoir
Ne font point des obiets que les yeux puiſſent
    voir.   EMADVLE.
On les connoît fouuét par les traits du vifage.
IOSAPHAT.
Vous les conuertiſſez en vn tout autre vfage.
ARACHE'S.
En céluy de vous plaire & de vous contenter.

IOSAPHAT.

C'en estoit assez d'vne à me persecuter.
Adieu souuenez-vous que le Ciel fauorise
Celuy qui pour l'aimer veut garder sa frâchise.

EMADVLE.

Dieux qu'il est insensible, & ferme dans sa foy!

ACHILE'E.

Mais, Madame, plûtost que nous dira le Roy?
Ie crains qu'à ce recit son esprit trop credule
Ne soupçône auec moy la Princesse Emadule,
Ie l'aperçois venir, Dieux! que luy dirôs nous?
Madame, il faut tâcher d'appaiser sô courroux.
Mais il est tout pensif, & tout melancholique.
Il passe sans nous voir.

EMADVLE.

Quelque chose le pique.

SCENE QVATRIEME.

ABENNER, EMADVLE, ACHILE'E.

ABENNER.

EST-ce pour tô plaisir que tu me veux braüer
Est-ce afin de me perdre ou bien de me
　　sauuer?
Ce secret mouuement dont mô ame est naurée
Est-il de ton secours vne marque asseurée?
Et cette viue ardeur dont ie me sens brusler,
Est-ce ta voix enfin qui me vient appeller?

Non

Non, tu veux m'épreuuer, il faut que ma con-
   stance
Contre ce feint assaut vse de resistance,
Ton effort sera vain comme dissimulé,
Et mon cœur ne peut étre aisemént ébranlé.
Mais d'ou vient malgré moy que tant plus ie
   resiste,
Ce mouuemét me force, &céte ardeur persiste?
Que mon cœur dechiré par ces deux passions
De fuïr ou d'écouter tes inspirations,
Encline à celle-cy par vn nœud qui l'attache,
Et deuienne pour l'autre & si féble & si lâche?
Ha c'est trop là dessus consulter ma raison!
Mes doutes éclaircis ne font plus de saison ;
Ie vois bien que tu veux surmonter ma malice
Par tes rares bontez, & non par ta iustice,
Et que pour effacer les crimes que i'ay faits
Tu ne me veux punir qu'à force de bienfaits.
S'étonne qui voudra de ma reconnoissance,
Ie quitte mon erreur, i'adore ta puissance,
Et sans perdre le temps en discours superflus
Tu m'appelles Seigneur, ie ne resiste plus.
Vous à qui i'ay commis vne action si basse
Dont l'indigne motif n'a rien qui le surpasse,
Ie ne viens point icy pour vous encourager
Où mon cômandemét vient de vous engager ;
Ie ne demande point ce que vôtre artifice
A gagné sur vn cœur bien éloigné du vice ;
Ie sçay que vous n'auez rien obtenu sur luy,
Puis qu'en tous ses combats le Ciel luy sert
   d'appuy :   T

Que vos yeux n'ont parû qu'à leur defauātage
Puis qu'vn plus riche objet anime fon courage
Et qu'ils n'ont pû charmer fes defirs innocens,
Puis qu'vn feu bien plus beau s'allume dans
　　fes fens.
Madame, vous voyez les effets admirables
Que produifét les Cieux fur les pl' miferables,
Faschez de les voir viure en leur coulpable
　　erreur
Ils leur en font foudain côceuoir de l'horreur,
Et regrettant leur perte ils éclairét leurs ames
Du merueilleux éclat de leurs diuines flames.
C'eft de cette façon que d'vn pere & d'vn Roy
De fon fils la terreur & des Chreftiés l'effroy,
Ils ont fait le fouftien de la foy qu'ils em-
　　braffent
Et deformais le fleau de ceux qui les pour-
　　chaffent,
C'eft ainfi qu'à prefent ie veux leur témoigner
Le iufte repentir qui vient de me gagner,
Qu'apres leur auoir fait endurer tāt de peines
Ie veux leur fatisfaire, & délier leurs chaînes,
Que l'erreur où i'eftois m'ayant abandonné
Ils apprennent qu'enfin le Ciel m'a pardonné,
Et que de mes rigueurs l'ample reconoiffance
Couronant mon triôphe honore leur conftāce.
Cômandés de ma part qu'ils viénent tous icy,
Qu'en péfés vous, Madame, & treuués vo' auffi
Votre ame au méme eftat que la mienne eft
　　reduite ?

Ne vous sétez vous point fecretemét inftruite;
Et celuy qni fur moy s'eft declaré vainqueur
Ne vient-il point auffi de toucher vôtre cœur?

EMADVLE.

Sire, c'eft vn effet qu'on ne pourroit attendre,
A moins que lé Ciel méme eut voulu l'entre-
        prendre,
La raifon ne peut rien dans cette occafion,
C'eft de luy feul que part nôtre conuerfion,
Et lors qu'il nous appelle auecques tant d'in-
        ftance
C'eft être criminel d'yfer de refiftance :
Ouy, Sire, il m'à touchée: & s'eft ferui de vous
Pour porter dans mó ame vn fentimét fi doux,
Voftre exéple a fuiuy celuy du prince mefme,
Ils font les inftrumés de mó bonheur extrefme
Et i'ay par vos difcours autant que par les fiés
Connû la verité de la foy des Chreftiens.

ABENNER.

Mais ils viennent, ô Dieu ! comment les rece-
        vray-je.
Par où les aborder? quel accueil leur feray-ie

SCENE CINQVIEME.

ABENNER, IOSAPHAT, ZARDAN.
ARACHE'S, GERONDE, EMADVLE,
ACHILE'E, THEVDAS, BALAC.

ABENNER.

VOus penfés mes enfans que c'eft pour
        vous troubler

Que mon cômandement vous a fait assembler
Non c'est pour vous apprendre vne heureuse
        nouuelle,
Pour le contenremét que vous receurés d'elle,
Et que par vn bon-heur-tres-grand, mais assuré
Vostre pere est Chrestié: l'eussiés vous esperé?
        IOSAPHAT.
Ouy, Sire, puisqu'à Dieu toute chose est pos-
        sible,
Qu'il peut tirer soudain d'vne masse insensible
Vn corps pourueu d'vn'ame & de ses facultez,
Et qu'il surmonte encor mille difficultez.
Il ne mé restoit plus pour comble de ma ioye
Apres ce qu'il ma fait que l'heur qu'il vous
        enuoye.
I'eusse voulu souffrir vn tres-cruel tourment,
Et voir auant ma mort vôtre heureux change-
        ment;
Mô amour enuers vous ne peut étre qu'extreme
Souhaittât vôtre bié aux dépés de moy-meme,
Et suppliant ce Dieu qui m'est venu chercher
D'agreér mon trépas afin de vous toucher.
Puisqu'il m'accorde l'vn & me refuse l'autre,
Sire, permettez-moy de reuoir cét Apostre,
Ce diuin Barlaam, à qui nous redeuons
Apres l'aide du Ciel le bien que nous auons.
        GERONDE.
Sire, ma ioye ayant vne semblable cause,
Ma bouche en l'exprimât dira la méme chose;
C'est le bié le plus grâd que ie vous souhaitois

Et malgré vos tranſports l’heur dont ie me
     flatois :
Il ne faut qu’vn momét pour conuertir vn’ame
Quelque bon mouuemét, vn ſoûpir, vne flame,
Et ce Dieu qui n’eſt né que pour nous rache-
          pter
Peut dedans vn inſtant nous vaincre & nous
     dompter.
          ARACHE’S.
L’exemple des Roys, Sire, a beaucoup de
          puiſſance,
Cóme ils ſont icy bas de Dieu la reſſembláce,
Ils pechent rarement contte la verité,
Et ſont toûiours conduits de la Diuinité.
C’eſt ce qui mefait croire auec plus d’apparéce
Que la Foy des Chreſtiens n’eſt pas ce que
          l’on penſe,
Qn’ó ne peut ſe tróper que d’en faire le choix,
Et qu’on ne peut maſquer en embraſſant leurs
     Loix.   THEVDAS.
Voyant de nos erreurs vne entiere defaite,
Sire, ie reconnois la faute que i’ay faite,
I’en demande pardon à vótre maieſté,
Et veux ſortir auſſi de mon obſcurité.
          ACHILE’ E.
Sentant de vos diſcours la douce violence
Mon erreur ne tient plus mó eſprit en baláce :
          ZARDAN,
Tout ce qui me ſaiſit dans ce cómun bonheur
C’eſt le piege impreueu qu’on tend à mon
     honneur

ABENNER.

Non ; non, ne craignez, point, i'ay controuué
    ce crime
Pour seruir de pretexte & prompt & legitime,
Au dessein que i'auois vous chassar de ces lieux
D'oster à Iosaphat ceux qu'il aymoit le mieux.
Et ie croy que Zardan ne peut être capable
De faire vne action qui le rende coulpable.
Vous mon fils que le Ciel a toûjours defendu,
Dont le cœur tres-côstant ne s'est iamais rédu,
Et sur qui mes efforts n'ont point eu d'efficace
Souftés que vôtre pere à preset vous embraffe,
Et que sa propre main vous couronne auiour-
    d'huy
Pour seruir au Royaume & de pere & d'appuy.

Theudas Theudas depéchez vous, aportez ma courône:
sort. I'y renonce mon fils, & ie vous l'abandonne,
Mon Sceptre doit paffer en de meilleures
    mains
Qui sçachent sagemét cômander aux humains,
C'est l'vnique moyen d'expier mon offençe,
Il reuiēt C'est de tous vos trauaux la moindre recôpéfe
Et c'est par ou ie veux honorer vos vertus,
Apres tant d'ennemis qu'elles ont abatus,
Receuez donc, mó fils, ce que ie vous preséte,
Que ces marques d'honneur couronnent vô-
    tre attente,
Et voyez à vos pieds tous les peuples soûmis
Dans l'heur qu'en vôtre regne ils se font tous
    promis.

IOSAPHAT.

Sire, tout l'auantage où Iosaphat aspire,
Ce n'est point vn Pays, vn Reaume, vn Empire;
Mon cœur tout embrasé de plus belles ardeurs
Méprise également & Sceptres & grandeurs;
Ie ne suis point piqué des hôneurs de la terre,
Ny des possessiós qu'on acquiert par la guerre
Pour moy le Diademe à de fébles appas,
Vous l'offrez à celuy qui ne le cherche pas;
Et s'il se void enfin prest de vous satisfaire
Qui ne l'acceptera qu'afin de s'en defaire.
C'est donc pour en charger celuy qu'apres le
    Roy,
Ie iuge plus qu'aucun digne de cét employ,   *Pre*
C'est vous, genereux Prince, à qui ie le destine,   *la*
Par luy vous maintiédrez nôtre haute doctrine,   *ne.*
Par luy vous defendrez ceux qui l'embrasserôt   *Ar*
Et punirez tous ceux qui les offenceront.
Que le Roy treuue en vous vn cœur remply
    de zele,
Soyez dans ses proiets vn support tres-fidele;
Et pour rendre en partant mon esprit satisfait
Faites enfin pour luy tout ce que i'eusse fait.
Pour moy, qu'vn autre obiet inuite à sa re-
    cherche,
Dans l'espoir bienheureux du repos que ie
    cherche,
Ie vous cede mes droits, ie vous quitte en ce
    lieu,
Et pour tout cóplimét ie vais vous dire adieu.

C'eſt vne dignité dont ie me ſens indigne,
Cet honneur eſt pour moy trop grand & trop
          inſigne,
Seigneur ie ne ſuis point perſonne à conceuoir
Ny de rang, ny d'employ qui paſſent mon
          pouuoir.
          ABENNER.
Quoy, mon fils, eſt-ce ainſi qu'il faut traiter
          vn pere ?
Faut il l'abandonner au fort de ſa miſere ?
Et ſi preſt de le voir dans les bras de la mort,
Le laiſſés vous ainſi ſans ayde & ſans ſupport ?
Ha mon fils, oubliés cette iniuſte penſée,
La pitié s'intereſſe & s'en ſent offencée,
Et ne veut pas ſouffrir que vous partiés d'icy
Pour auancer ſes iours par vn cuiſant ſoucy.
Craignés cet accident mon fils.
          IOSAPHAT.
                    quatre mots, Sire,
M'excuſeront vers vous, c'eſt le Ciel qui m'inſ-
          pire,
Pouſſé d'vn vain eſpoir, ou de quelque intereſt
Vondriés vous reſiſter à ce diuin arreſt ?
Non, Sire, mais plûtoſt accordés ma demãde,
Vous ne pouués me faire vne faueur plus
          grande.
          ABENNER.
Bien donc, puiſque le Ciel ordonne ce depart,
L'y conſens à regret.
          GERONDE.
                    ô Dieu mon frere part !

Ce frere tant cheri, ce fils si necessaire :

GERONDE.

Ha Sire, retenés-le !

IOSAPHAT.

O ma sœur !

GERONDE.

O mon frere !

ABENNER.

Appaisés vous ma fille, & souffrés auec moy
Ce dur commandement d'vne immuable loy,
On ne peut resister à tout ce qu'elle ordonne,
Et nous ne possedons que ce qu'elle nous dône
C'est elle qui nous oste en nous priuant de luy,
A vous vn si bon frere, à moy tout mon appuy ;
& de peur de commettre vne seconde offence
Il faut sans murmurer subir son ordonnance.
Mais auant qu'il nous quitte il faut que voitre
     amant
Ajoûte voitre Hymen à son Couronnement ;
Receués cét époux que la gloire enuironne,
Partagés auec luy le Sceptre & la Couronne,
Et que de voitre couche il puisse naistre vn iour
D'illustres successeurs qui regnent à leur tour.
Madame il n'est pas iuste en cés faueurs com-
     munes
Que vous ne vous sétiés de nos bônes fortunes
Ie veux donc pour finir voitre captiuiré
Remettre voitre Pere en pleine liberté.
Enfin puisque le Ciel si contraire à ma joye
Ne veut pl' desormais mô fils que ie vous voye

V

Venés enseuelir dans mes embrassemens
Le plus digne sujet de mes contentemens.
                ARACHE'S,
Seigneur en vous perdant la Cour pert tout
        son lustre.
            IOSAPHAT.
Elle recouure en vous vn Prince plus illustre.
Cessez, cessez ma sa sœur, & calmez vos dou-
        leurs.   GERONDE.
Helas que cét adieu me coûtera de pleurs.
        ACHILE'E parlant à Geronde.
Vos vœux sont exaucez & dedans Calamine:
Vous voyés arriuer vn tres-grand changemeut
Vostre frere a quitté son ancienne doctrine,
Et laisse la Couronne à vostre cher Amant.
            ABENNER.
Adieu, ie vais traîner vne mourante vie
Que ce triste depart m'aura bien-tost rauie.
            ZARDAN.
Vous suiuray-ie Seigneur ?
            IOSAPHAT.
            Non, partez de ce lieu,
Et me laissez tout seul.

THEVDAS, EMADVLE, ACHILE'E, &
    BALAC tous ensemble.
            Adieu grand Prince, adieu.

SCENE DERNIERE.

IOSAPHAT seul.

ENfin ie puis en liberté
Te découurir, Seigneur, mes plus cheres
    penſées:
Et te remerciant de tes faueurs paſſees
Implorer derechef ta grace & ta bonté.
    Pouſſé de ton diuin ſecours
Ie viens de ſurmonter de puiſſans auerſaires,
Qui ne pouuãs changer tes ordres neceſſaires,
N'ont pû de mes deſſeins interrôpre le cours.
    En vain ie les ay combatus
Si tu ne me conduis dans ces lieux où i'aſpire:
Si ie reſtois icy, mon ſort deuiendroit pire,
Et tous mes ennemis ne ſont pas abatus.
    Le monde & la chair ſont vaincus,
Il n'en reſte plus qu'vn; Seigueur, fay qu'il
    ſuccombe,
Et que dans l'antre obſcur dont ie feray ma
    tombe
Les demons par ma mort ſe treuuẽt cõuaincus.
    Ie penſe étre déia dans ces deſerts aimables.
Ie crois étre au milieu de ces lieux agreables,
Ha c'eſt trop differer, allons mon ame, allons,
Rendons nous promptement dans ces ſombres
    vallons;
Et quittans ces Palais remplis d'inquietude
Cherchons vn doux repos dedans la ſolitude.

Fin du cinquiéme & dernier Acte.

PAr Priuilege du Roy obtenu le 4. Aouſt 1646. il eſt permis à Frãçois Boude Imprimeur en la Ville de Toloſe, d'imprimer vne Tragi-Comedie intitulée, *Ioſaphat ou le Triõphe de la Foy ſur les Chaldéens*, Et defendu à tout autre de ce faire, ſur les peines portées par ledit Priuilege. Et ce pendant l'eſpace de dix années, qui commençent le huictiéme du preſent audit an.

Par le Conſeil,
BESSON.

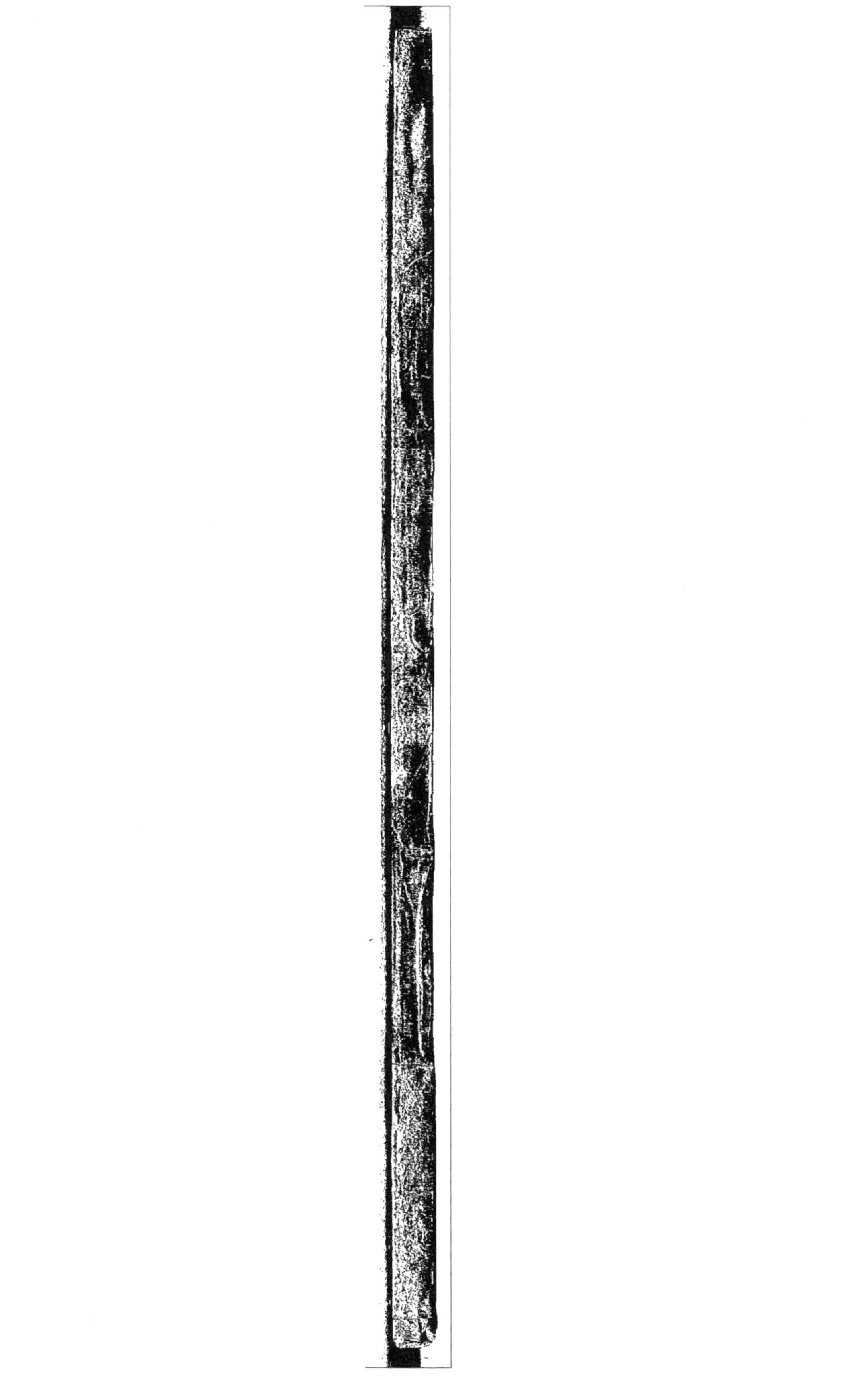